ESSAI

SUR NOS COLONIES

ET SUR LE

RETABLISSEMENT DE SAINT DOMINGUE.

ET SE TROUVE A PARIS,

CHEZ

LE NORMANT, Libraire; rue des Prêtres-St.-Germain-l'Auxerrois, en face de l'Eglise.

TILLIARD, Libraires, rue Pavée St.-André, N°. 17.

AGASSE, Imprimeur-Libraire, rue des Poitevins, N°. 13.

A BORDEAUX, BEAUME, Libraire, allées de Tourni.

A MARSEILLE, SUBE et LAPORTE, Libraires.

A NANTES, GUICHARD, Libraire.

ESSAI
SUR NOS COLONIES,
ET SUR LE
RETABLISSEMENT DE SAINT DOMINGUE,
OU

Considérations sur leur Législation, Administration, Commerce et Agriculture.

PAR Mr. J. ABEILLE,

Administrateur des Hospices de Marseille, député du Commerce de ladite ville près l'Assemblée constituante, propriétaire et ancien négociant à Saint Domingue.

Leur salut désormais dépend d'un souverain,
Qui pour tout conserver, tienne tout en sa main.
CORNEILLE.

A PARIS,

Chez CHOMEL, Imprimeur-Libraire, rue Jean-Robert, Nos. 14 et 21.

MESSIDOR AN 13. JUIN 1805.

NOTE

PRÉLIMINAIRE.

Tous les Français ont dû frémir d'indignation, en voyant recommencer la guerre après quelques instans d'une paix qui devait consoler l'humanité depuis si long-tems souffrante.

Le commerce se livrait à des spéculations maritimes sur la foi d'un traité solemnel et récent, et il a vu enlever ses navires, déclarer en état de *blocus* les ports, les fleuves, les rivières, et favoriser à Saint Domingue, l'incendie et le meurtre. Des orateurs Anglais se sont vantés de *châtier* la France, de lui dicter des lois, de la priver de ses Colonies. Nos fidèles et généreux alliés ont éprouvé, à leur tour, la perfidie d'une promesse de neutralité, violée avec la plus barbare cupidité ; et comme le disait, d'une manière si noble et si touchante, le commandant de Cadix : *Un peuple innocent et magnanime* s'est vu enveloppé dans cette menace de *châtiment.*

A cette injuste agression, le sang des Espagnols a dû s'enflammer comme celui des Français, et leurs souverains se sont promis, sans doute, de venger des peuples qui ne sauraient supporter le mépris ou une arrogance insultante.

L'Angleterre a plus de vaisseaux, un plus grand nombre d'habiles marins : une administration faible et nos troubles intestins lui ont laissé cet avantage ; mais saurait-il être durable, et la garantir des coups hardis et meurtriers que nous pouvons lui porter sans cesse ? Nos vaisseaux se reconstruisent malgré la guerre ; les forêts de la Corse sont inépuisables; celles du continent français se conservent et s'améliorent. Nos immenses côtes et celles de l'Espagne, qui reconnaît le danger d'un trop long repos, élèvent et forment chaque jour de nouveaux marins. Le souvenir héroïque de nos capitaines dans la marine militaire et marchande, et de ceux que les Hollandais et les Espagnols ont vu naître, électrise nos ames et les leurs; pourrions-nous avouer la supériorité dont se vantent de trop orgueilleux rivaux ! La nature a moins fait pour eux que pour nous ; elle doit triompher, secondée par un héros dont le puissant génie résout, sans cesse par des faits, ce que le monde étonné met en problême ; et, en empruntant une des expressions heureuses de cet ouvrage déjà si célèbre, qui console les amis du beau, de la lacune qui avait interrompu nos brillantes productions, on peut dire aujourd'hui de ce peuple si fier, en nommant l'Empereur :

La terreur de son nom le poursuit dans son isle.

Déjà les Anglais ont été punis par l'essai de nos forces maritimes ; le nom Français qui se portait jadis dans l'Inde, avec tant de gloire, y reprend de l'influence. Des officiers habiles y font ressouvenir à ces peuples fatigués d'oppressions, que l'Angleterre ne doit pas avoir l'exclusion de leurs cultures et de leur industrie.

Ces pamphlets insolens que des passions haineuses et conséquemment aveugles, autorisent et propagent, tournent à la honte de ces lâches flateurs du pouvoir et de ceux qui les admirent. Dès leur naissance, ils inspirent le mépris à l'Europe éclairée.

Un ministre de religion s'est fait applaudir à Londres, par ses imprécations homicides et ses vœux insensés ; ce forcené voulait, dans son ivresse, condamner les Français à ne voir l'Océan et la Méditérannée, que sur le bord de leurs rivages !.....

La paix peut paraître au Gouvernement Anglais, un moyen plus prompt d'accroissement pour notre marine ; mais prétendre que celle de la France ne soit pas très-formidable, c'est, comme le dit la Bruyère, *vouloir empêcher que la pluie tombe ou que le feu s'élève.* Une guerre injuste et opiniâtre double nos forces, Elle naturaliserait, par sa durée, une haine peu conforme au caractère Français ; mais elle serait juste et deviendrait plus terrible pour l'Angleterre, qu'une rivalité de moyens également puissans, également dangereux dans leur exercice, et qui par là même rendent les traités plus solides, le besoin de la paix plus respecté. Celle du continent en est la preuve; mais le monde civilisé aspire aussi au rétablissement de la liberté des mers, à laquelle une seule nation s'oppose, et c'est la France qu'il charge, par ses vœux, de cette glorieuse entreprise, à la voix et sous l'heureuse étoile d'un chef toujours victorieux, unissant la valeur d'Achille à la puissance d'Agamemnon.

TABLE

DES CHAPITRES

CONTENUS

DANS CE VOLUME.

FIN DE LA TABLE.

AVANT-PROPOS.

DANS le cours de ces communications dont l'Europe attentive saisit et combine toutes les expressions, le ministre habile, qui a le droit de parler aux nations étrangères, a prononcé, avec autant de modération que de noblesse, ces paroles remarquables : *La haine et l'envie n'ont qu'un tems.* Les prétextes qui colorent de semblables passions ne peuvent pas abuser toujours ceux qui en sont victimes ; si la guerre doit être justifiée aux yeux d'un peuple éclairé, la paix ne peut être éloignée. Dans cette opinion que partagent beaucoup d'observateurs instruits, on ne saurait dédaigner des espérances et des projets que la guerre laisse assoupis.

Ces idées me déterminent à tracer

des réflexions, adoptées en général par quelques personnes d'un mérite éminent, parmi lesquelles se trouvent deux anciens administrateurs de Saint Domingue, honorés de la confiance de sa Majesté, et qui depuis vingt ans, m'accordent leur estime. J'espère qu'elles seront accueillies avec bienveillance, en attendant que je puisse y ajouter les développemens dont la paix les rendra susceptibles.

La sage lenteur qui accompagne la rédaction des lois du continent français, garantit de toute précipitation celles qui sont destinées à nos Colonies. Les opinions ne sauraient donc être trop tôt discutées sur cet important sujet. De leur résultat, naîtra l'harmonie de la législation qui doit régir toutes les parties de ce vaste et brillant Empire.

Que l'espérance des colons les plus

malheureux renaisse ! Le génie et les armes de l'Empereur les protégent ; ses bienfaits les recherchent. Un même ciel a vu naître l'auguste compagne du trône : plus ils sont à plaindre et plus ils intéresseront sa bienfaisance et sa bonté, si justement vantées. Tenant par la plus douce union à une famille qui en a éprouvé les effets, et que j'indique dans une note de cet écrit, qu'il me soit permis d'ajouter pour elle et pour moi, à l'hommage public, cet hommage particulier de gratitude, d'admiration et de respect.

ESSAI
SUR NOS COLONIES,

ET SUR LE

RÉTABLISSEMENT DE SAINT DOMINGUE.

CHAPITRE PREMIER.

Exposition et causes des désordres de Saint Domingue. Caractère des Mulâtres. Diversité d'opinions sur les moyens de restauration.

La Guadeloupe, à peine sortie des horreurs de la révolte et d'un régime absurde, reparaissant, malgré la guerre aussi florissante que la Martinique ; notre marine reprenant de l'éclat et de l'audace ; nos ennemis tremblant à leur tour pour leurs propres foyers ; quels présages plus heureux pour nos Colonies en général, et même pour le rétablissement de Saint Domingue, cette isle que fixent, d'un œil inquiet, tous les hommes sensibles !

Nos troupes sauront se maintenir dans la partie importante qu'elles y occupent. Fut-elle abandonnée, la reprise de cette colonie serait facile, puisque l'abord en est ouvert de toutes parts et que les brigands qui y sont armés, ne sauraient tenir devant nos guerriers.

Les malheurs de cette contrée sont trop affreux pour en retracer les détails : la sensibilité voudrait voiler l'épouvantable tableau de ce carnage ; la nature le repousse avec horreur. Ce qui appartient à l'histoire est déjà consigné dans divers écrits, d'où son burin la fera ressortir plus épurée et plus fidèle : jamais il n'eut à peindre d'aussi longs, d'aussi horribles tourmens.

La France vengera sur les chefs de ces noirs cannibales, (1) les mânes de nos compatriotes, livrés par de détestables sectaires, à des bras parricides, favorisés depuis quinze

(1) Je n'ose souiller cet écrit du nom de quelques français, qui servaient ces antropophages pour trouver de l'or dans les entrailles fumantes de leurs frères. Auront-ils un asyle au jour de la vengeance ?

ans par la haine, l'envie et la fureur de nos ennemis. L'Empereur veut ressaisir et restaurer la plus riche portion des domaines de la métropole, remettre sous ses lois ces esclaves poussés à la révolte, plutôt que révoltés. Las de traîner l'insuportable chaîne de leurs pareils, les liens qui les attachaient à leurs maîtres, leur paraîtront moins durs. Dans tous les tems ils furent effrayés d'appartenir à des gens de couleur.

N'en doutons point; en brisant d'une main hardie ces théories vagues, ces abstractions ridicules autant que funestes, enfans hideux d'une philosophie absurde, plus cruelle encore dans ses effets, à Saint Domingue, qu'en France, en chargeant le sénat de la constitution des colonies, le Gouvernement a voulu donner le secret de ses sages pensées. Il a senti que des climats différens, d'autres cultures, d'autres usages, d'autres hommes avaient besoin d'autres lois; que pour remplir leur destination, les colonies devaient avoir un code préparé par l'expérience de ceux qui ont vécu dans ces contrées, instruits dans l'administration intérieure, l'agriculture et le commerce, qu'une longue habitude des lieux et des affaires, peut seule bien apprendre. Alors seront forcés au silence, ces raisonneurs inquiets, qui veulent décider ce qu'ils ne peuvent connaître et substituer des systêmes à des raisons démontrées.

L'expérience du passé ne sera pas perdue pour l'avenir ; que toute défiance sur le choix des moyens qui seront employés, pour ramener le bonheur dans le sein de nos isles, soit donc désormais bannie ; que des rivaux trop altiers perdent toute espérance sur la durée d'une stérilité qui flatte leur jalousie comme leur avarice. Trente millions de Français ne sauraient l'entrevoir long-tems encore, dussent-ils braver des périls nouveaux, supporter toutes les privations pour reprendre cette riche portion du patrimoine commun. Jamais ils ne s'en croiront dépouillés, tan qu'ils habiteront les bords des deux mers, qui leur présentent chaque jour le chemin du nouveau monde.

Mais les esprits aigris par le malheur, inquiets sur leur sort à venir, raisonnent diversement sur l'objet de leurs espérances. Chacun se forme un plan et s'irrite de celui qui lui paraît contraire, sans penser qu'un Gouvernement éclairé, mûrit ses projets loin des passions, et qu'il cherche le bonheur de tous, dans des conseils sages, qui repoussent également la faiblesse et l'excessive rigueur. Ceux qui n'ont connu nos colonies, que dans des tems de désordre, croyent trouver dans les élémens qui l'ont causé, des motifs pour repousser les leçons des époques antérieures. Selon eux, les hommes et les choses ont tellement changé, qu'il faut des moyens nouveaux pour arriver au but qu'on se propose.

C'est au contraire, aux yeux des hommes plus calmes et plus expérimentés, en simplifiant les idées, en fixant ses regards sur la destination des colonies, en interrogeant le passé et l'exemple des isles bien ordonnées, qu'on peut arriver à un retour d'ordre et de gouvernement régulier, qui permette de retrouver les biens que l'on regrette.

Les tems ont varié, sans doute; des hommes qui n'avaient eu qu'une existence forcée ont cru qu'ils allaient vivre dans l'indolence et l'insubordination; mais en changeant d'Etat ou de maîtres, ils ont trouvé des tyrans; et hormis les favoris de ces divers brigands, qui se sont disputés le pouvoir, toutes les conditions ont été plus dures et sont devenues insupportables.

Les mulâtres se sont trouvés sous le coûteau de ces negres qu'ils croyaient inférieurs à eux, et ont été, tour-à-tour, ou bourreaux ou victimes. Ils devaient le jour aux blancs et des propriétés; et ils ont été à la fois, spoliateurs et parricides. Leurs affreux excès ont excité de cruelles vengeances, et pour y échapper, ou dans le désordre des passions, ils se sont unis à ces noirs, dix fois supérieurs en nombre, méditant le massacre de tous les blancs et bientôt le leur. Dans toute leur conduite, les mulâtres considérés en général, ont montré à leurs prétendus amis de la métropole, leurs mauvais penchans, leur incapacité, leur perfidie et perdu la commisération des hommes de bonne foi, qui accusaient les blancs d'injustice et de dureté envers eux.

Cette classe d'hommes, qui, comme toutes les autres, mérite des exceptions, a été très-mal jugée en France; plusieurs d'entr'eux élevés parmi nous ou exempts des défauts qu'on leur reproche, ont montré des talens et des moyens qui fesaient regretter l'espèce d'abjection dans laquelle on les croyait tous soumis. Plus vains que fiers, plus téméraires que braves, ce qu'on pourrait citer à leur avantage, est déprécié par les vices qu'une enfance sans frein et sans principes, a propagé parmi eux. Le libertinage, l'indolence, la vaine ostentation en sont l'effet le plus commun;

mais ce serait une injustice que de les confondre tous. Il s'est trouvé parmi eux des hommes d'un naturel heureux, qui ont rendu des services aux blancs, et un grand nombre de femmes de cette couleur leur ont montré de l'affection.

Les préjugés qui séparaient, en quelque sorte, les mulâtres des blancs, ne seront jamais condamnés très-sévèrement par ceux qui ont voyagé en observateurs dans nos isles, mais ils peuvent être modifiés par les lois, autant que celles-ci peuvent agir sur l'opinion. L'égalité en droits devant les tribunaux est le plus précieux de tous, et quand elle sera proclamée pour les nègres et mulâtres libres, le législateur aura fait tout ce qu'il pouvait pour eux. Les avantages de la société seront alors dans nos isles, comme en Europe, attachés aux talens, aux vertus, à la fortune qui distinguent les hommes entr'eux ; c'est à les acquérir qu'ils devront s'appliquer. La couleur n'est point un signe de réprobation. Parmi les femmes, il en est beaucop qui savent faire oublier ce qu'elle a de sombre, et les hommes de conduite sage, ont toujours éprouvé qu'on savait les distinguer de la multitude.

Les blancs de la Martinique et de l'Isle-de-France, n'étaient pas différens de ceux de Saint Domingue, mais il paraît que les hommes de couleur de ces isles ont montré bien plus de sens et de modération. Ils ont été les auxiliaires des blancs contre les noirs qui ont tenté des séditions, et ces deux colonies n'ont éprouvé que de passagères inquiétudes; mais à l'Isle-de-France, sur-tout, d'affreux instigateurs et des décrets impolitiques ou sanguinaires, ont été très-adroitement écartés, et plût à Dieu qu'ils eussent trouvé les mêmes obstacles à Saint Domingue, dont l'étendue a fait et prolonge le malheur! (1)

---

(1) Mon dessein n'a pas été de faire un gros volume, ni de me livrer à la controverse que pourraient entraîner des objections. J'ai suivi, en pensée, ce qui s'est passé depuis 15 ans à Saint Domingue. Je sais tout ce qu'il y aurait à dire sur les diffé-

Qu'on ne cherche donc pas dans de vains prétextes des motifs que la mauvaise foi, et souvent l'ignorance ont présenté avec audace, comme les véritables causes des maux qui dévorent, depuis si long-tems, cette magnifique contrée. Que les propriétaires infortunés abjurent, à leur tour, de trop justes mais inutiles ressentimens; qu'ils ne regardent, s'il se peut, les malheurs et les pertes qu'ils ont éprou-

---

rentes pretentions élevees de la part des blancs ré nis en assemblées, et de la part des gens de couleur libres. Je connais la différence de conduite de ceux du Nord, de l'Ouest et du Sud, et les motifs qui l'ont, peut-être, guidée. La guerre de Toussaint et de Rigaud, les haines qui subsistent, la fureur des partis et des vengeances, tous ces différens souvenirs doivent être effacés. La France en donne l'exemple : elle fera des loix auxquels chacun obéira. Elles seront le fruit d'une discussion dont il ne serait peut-être pas sage de montrer tous les détails. Ceux qui ont été à Saint Domingue, pendant la révolution, ne savent pas mieux, que ceux qui l'ont bien connu auparavant, tout ce qui lui convient. Toute autre opinion serait au moins ridicule.

vés que comme un naufrage dont il faut recueillir les débris, sans se livrer à des regrets superflus, ou à des fureurs, qui ne font retrouver, ni les compagnons de voyage, ni les effets que Neptune a précipités dans les flots !

CHAPITRE II.

Idées générales des Colonies. Moyens de ramener les Nègres de Saint Domingue à la soumission.

Nos Colonies d'Amérique doivent être considérées comme des pays essentiellement agricoles, leurs grandes habitations comme des manufactures importantes, leur commerce, si on excepte la Martinique, d'où les étrangers retirent divers objets de consommation venant de nos ports, s'y borne presque à des échanges intérieurs ou avec la métropole. L'analyse séparée de Saint Domingue, la Martinique, la Guadeloupe, Sainte Lucie, Tabago, Cayenne ou la Guyane Française, ne serait qu'une description déjà renfermée dans divers ouvrages. Nous devons, pour suivre notre plan, nous borner à les généraliser. Les cultures de Saint Domingue, en sucre, café, coton, cacao, sont aussi celles des autres Colonies, et en parlant de cette principale possession, c'est embrasser, à-peu-près, toutes les conséquences qu'on peut tirer de l'analyse des autres, sous les rapports d'administration, de régime et de culture. Cependant la Guyane n'est pas considérée comme une colonie à sucre ; on y en fait très-peu. Le café, le coton et le rocou, en sont les principales productions. On ne cultive en grand l'indigo qu'à Saint Domingue. La facilité de la désertion des nègres de la Guyane Française et son climat, seront toujours des obstacles à ses progrès. On présume, néanmoins, que le pays s'améliorera par les défrichemens ; et qu'avec le tems, on surmontera, à l'exemple des Hollandais, les grands inconvéniens qui, jusqu'ici, se sont opposé à une grande prospérité.

Les Isles-de-France et de la Réunion, produisent principalement du café et du coton, mais ces Colonies orientales doivent être envisagées sous le triple rapport des cultures, du commerce étendu, qu'on nomme d'Inde à Inde, et d'un point militaire et intermédiaire bien important pour nos relations avec les contrées les plus éloignées de l'Asie.

Nous ne dirons rien de Tabago; cette isle exige de réflexions particulières, à cause de sa situation qui la rapproche de l'importance de l'isle Trinité. Le nouveau traité de paix donnera occasion de parler de ces deux colonies.

Celle de Sainte-Lucie est de quelqu'importance pour les cultures, mais l'air qu'on y respire est généralement fièvreux, et si cette possession n'était pas essentielle comme point militaire, elle exciterait un moins grand intérêt.

Bientôt, sans doute, une nouvelle Colonie se fondera à Saint Domingue, avec le reste de la population blanche, qui a pu échaper à la fureur des monstres qui voulaient l'anéantir. Des hommes précieux, habiles dans l'art de la culture, de la fabrication du sucre et de l'indigo, existent en assez grand nombre. Ils y formeront de nouveaux colons, dès qu'on pourra y cultiver avec sécurité.

Il est à craindre que des négociations seules ne suffisent pas pour ramener la population noire sous nos bannières, et qu'il faille la combattre. A ce moment les mulâtres et les nègres, autrefois libres, abjurant des erreurs, dont ils sont, en général, cruellement punis, devraient offrir leurs bras aux blancs et devenir leurs fidèles auxiliaires. Ceux qui ne sont pas dépourvus de sens reconnaissent qu'ils ne peuvent goûter de repos et de bonheur que sous l'égide des blancs et de la métropole.

Quels que soient les torts et les crimes du plus grand nombre de ces hommes, le repentir peut être sincère ; et le châtiment ou l'exil seront reservés à ces cœurs endurcis, que de grands forfaits signaleront. Mais ce n'est point eux qui peuvent partager le commandement et l'administration. Les chefs destinés aux pre mières magistratures sauront discerner les exceptions rares que des services, des talens distingués peuvent justifier à tous les yeux. Ces hommes savent comme nous, que la force morale est dans nos isles, la plus puissante comme la plus solide, et que pour la conserver, il faut la respecter dans toutes ses combinaisons.

S'il faut combattre, la victoire ne sera jamais douteuse; mais les révoltés en se retirant dans les montagnes, feront craindre des incursions nocturnes, qui retarderaient l'établissement paisible de nos cultures: déjà les chefs actuels ont proclamé cette menace ; mais pourront-ils se soutenir privés des secours de la mer, que nos traités et de nombreux bâtimens de guerre, ne permettraient pas d'arriver jusqu'à eux, si la cupidité continuait d'enfreindre les règles maritimes et les lois de l'honneur. Que deviendraient bientôt leurs armes, leurs munitions, quelqu'amas qu'ils en ayent pu faire? Réunis sur un seul point, ces hordes barbares, ne pourraient y subsister long-tems, résister à une attaque combinée ; dispersés, une milice toujours active, aidée de guerriers acclimatés, aura bientôt détruit ou ramené ces prétendus incas, ces perfides imposteurs parlant de Dieu qu'ils outragent, de la liberté qu'ils ne vantent que pour s'arroger le droit de tyraniser.

Parmi nos combattans, peuvent être appellés ceux de nos alliés qui sont habitués à des climats chauds et à une vie sobre. C'est sans doute, un des meilleurs moyens de diminuer les inévitables pertes, qu'entraînent de semblables expéditions.

La diversité d'origine, de penchans et de langage, sera toujours parmi les négres, une source de division dont un peu d'adresse peut tirer parti. Les négres créoles, ceux de la côte d'Or, du Sénégal, de Mosambique, ont des inclinations différentes. Sans entrer dans des détails minutieux, il suffit d'indiquer ce moyen, pour faire appercevoir de quelle ressource il peut être.

En général, les nègres sont superstitieux, comme tous les hommes ignorans, mais ils n'ont aucune répugnance pour nos pratiques pieuses. C'est avec soumission et respect qu'ils se font chrétiens ; le secours de quelques bons pasteurs, sera précieux pour le retour de l'ordre. On a vu dans l'expédition de 1802, le compte avantageux qu'ont rendu, de leur influence, les dépêches ministérielles.

Ce serait, au reste, être trop hardi que de présenter avec assurance, tous les moyens qui peuvent être employés pour la conservation des nègres existans, et la répression du vagabondage : en dirigeant des opérations si lointaines, on doit nécessairement se reposer sur les talens et la capacité des hommes sages et expérimentés à qui elles seront confiées, en mettant dans leurs mains les différens moyens dont ils peuvent avoir besoin.

Les évènemens qui suivront les tems présens, pourront mieux faire connaître quel est le nombre d'hommes nécessaires à la première expédition, quels seront les points sur lesquels il faudra se porter, et les amis dont le Gouvernement peut réclamer l'assistance, si elle est nécessaire. Il est affreux de se souvenir de celle qu'ont reçue, par un détestable trafic, les noirs révoltés de Saint Domingue, même des peuples qui n'étaient pas en guerre avec nous.

CHAPITRE III.

Systême Colonial qu'on a supposé aux Anglais; condition des Nègres en Amérique et en Afrique.

Si on devait rappeller les torts des Gouvernemens dont la paix, toujours supposée prochaine, ramène les réconciliations, on serait tenté d'analyser les différens discours dont le parlement d'Angleterre a retenti à la reprise des hostilités. Le ministère Anglais a-t-il dû partager des opinions qui ouvraient un volcan dans toutes les Antilles et qui pourraient justifier tous les moyens violens de représailles...... ? Quelques écrivains ont pensé que le vœu secret du Gouvernement Britannique, était de déshériter, en quelque sorte, les autres puissances maritimes de leurs isles d'Amérique, pour renfermer dans les mains anglaises, par l'exclusion des cultures de l'Inde, presque tous les sucres et les indigos qui se consomment en Europe, sans réfléchir à la cherté du transport des sucres, à une si grande distance; de ces idées, ils ont conclu que l'Angleterre se consolerait aisément de la perte de ses possessions dans les Antilles, pourvu que les autres fussent sans culture; que les projets sur l'abolition de la traite des noirs étaient dictés par le principe de ce calcul odieux.

Ce plan était, dit-on, celui de lord Chatam; mais si l'on en considère les conséquences pour toutes les puissances maritimes, plongées alors dans une absolue dépendance, et pour la fortune d'un si grand nombre de propriétaires et commerçans anglais, on appercevra la folie d'un pareil projet.

Si l'Angleterre conserve ses grands moyens maritimes, elle aura une très-grande part dans les richesses de l'Amérique, sans perdre le commerce qu'elle peut raisonnablement faire dans l'Inde orientale, mais doit-elle se flatter de conserver l'exclusion qu'on lui voit ambitionner dans cette partie du monde ? Une grande partie du territoire qu'elle envahit dans l'Inde, doit lui échapper par plusieurs causes, dont le sujet que nous nous sommes proposé de traiter, ne comporte pas l'analyse ; mais elles sont suffisamment indiquées par l'histoire de nos jours, qui nous offre tant d'exemples à imiter et de projets à suivre. Présumons donc que le Gouvernement Anglais attachera toujours un très-grand prix à ses isles à sucre, (quoique leur produit ne soit que la moitié, à-peu-près, de celui que nous obtenions des nôtres,) au commerce très-étendu et très-riche des côtes d'Afrique et de Mosambique, malgré M. Wilberforce, et les orateurs qui semblent partager son opiniâtre projet. Si la chambre des communes se portait, un jour, à accueillir ce principe de subversion coloniale, celle des pairs arrêterait, sans doute, cet élan de l'enthousiasme philantropique. L'importance que ce Gouvernement a attaché à l'isle Trinité, précieuse sous le double rapport des cultures et de son heureuse situation pour le commerce interlope du Mexique et des bords de l'Orénoque, prouve son éloignement pour le plan gigantesque que des politiques étrangers lui supposent.

L'Angleterre revenant à des idées plus saines, aurait dû concourir elle-même au rétablissement de la discipline à Saint Domingue. Les puissances maritimes devraient voir avec effroi ou un noble mépris, des peuples sans civilisation opprimer les sujets de l'une d'elles. Toute rivalité, toute haine devraient cesser quand il s'agit de venger un semblable affront, comme elle cesse quand on rencontre en mer, même pendant la guerre, un navire ennemi prêt à s'engloutir ou un voyageur occupé de découvertes, dont le résultat devient le domaine commun sur la sphère des connaissances humaines.

On ne peut s'empêcher, en parlant des Colonies, de s'indigner contre ces déclamateurs véhemens, qui présentaient les propriétaires colons comme des destructeurs de l'espèce noire, les armateurs qui font le commerce d'Afrique, comme de barbares geoliers. Leurs écrits, leurs exagérations, bien plus coupables encore que les colons inhumains, ont contribué à la ruine de Saint Domingue, et sont effrayans pour toutes les puissances maritimes. Les hommes peu réfléchis ou doués d'une sensibilité mal raisonnée, détournaient les yeux des malheureux manouvriers, de tant d'autres individus européens qui auraient dû absorber leur compassion ou l'exciter davantage, que ces Africains nécessaires, indispensables même pour la culture de ces terres brûlantes. En lisant l'histoire de l'intérieur de l'Afrique, les réponses faites à la barre du parlement d'Angleterre, en interrogeant les hommes les plus instruits et les plus désintéressés, on demeure convaincu que les nègres sont moins à plaindre dans nos isles que dans leur pays, où l'esclavage subsiste de tems immémorial, et où le résultat des guerres est la destruction des vaincus qu'on ne peut vendre. L'absence totale des européens n'empêcherait pas la fréquence de ces guerres qui sont de l'essence de ces peuplades barbares ; ajoutons que les Français sont de tous les colons, peut-être, les moins sévères et les plus attentifs à la conservation des esclaves.

Au reste, le problême de la servitude est devenu une discussion oiseuse, depuis que les puissances maritimes, se sont fait la guerre pour conquérir ou conserver des Colonies. Les conseils des souverains doivent répondre seuls des déterminations que l'intérêt de l'état leur fait adopter. Le philosophes doivent les éclairer, mais si l'opinion de quelques-uns d'entr'eux étaient des décrets, le monde serait mal conduit. On se rappelle, à ce sujet, le bon mot du grand Frédéric.

Loin de nous la pensée de justifier les cruautés, l'abus du pouvoir, le caprice des maîtres et des hommes peu faits pour en conduire d'autres ; les réglemens les plus sévères doivent les prévenir autant que la nature de nos propriétés coloniales, peut le comporter ; mais en généralisant les reproches, on avoue le désir d'une critique bien ou mal fondée, un charlatanisme d'humanité qui ne prouve pas en faveur de ceux qui la préconisent.

Sans doute il existe par-tout des hommes cruels et barbares, plus inhumains, peut-être encore, que les nègres ne sont perfides et vicieux, et dont les lois ne peuvent toujours faire justice ; mais quels reproches peut-on adresser au plus grand nombre des colons Français et des gérans d'habitation. (1) Sévères, mais justes, ils exigent un travail égal, inférieur,

---

(1) Je me plais à citer une lettre, qui honore la mémoire de M. Cdeluc, gérant les belles habitations de M. de Galiffet, dans la plaine du Cap. Il lui mandait, lors des premières insurrections, que le danger de la révolte menaçait sa vie; mais que s'il la perdait, ce serait au milieu de ses nègres. Peu

peut-être, à celui de nos journaliers. Autour de leur table on distribue aux enfans une nourriture abondante ; les femmes sont, vers la fin de leur grossesse et pendant qu'elles sont nourrices, soigneusement ménagées. L'hôpital de chaque habitation est soigneusement tenu, visité chaque jour par un chirurgien. Les vieillards et les invalides ne sont jamais abandonnés par leurs maîtres. On ne voit point comme en Europe, un homme tendre la main pour se substanter ; indépendamment des terreins destinés à la nourriture de nègres, chacun d'eux ou chaque ménage jouit d'un petit jardin qui lui donne, en supplément, les douceurs d'une certaine aisance. On citerait avec mépris un maître qui s'emparerait des petites propriétés que les esclaves peuvent acquérir. On en a vu qui avaient amassé beaucoup d'argent.

---

de tems après, il périt en effet de la main de ces barbares, qu'il conduisait en homme qui sait commander. Les nègres du Cap disaient en proverbe, *heureux comme nègres Gallifet.*

Les jours de fête ils viennent vendre dans les marchés, les objets de leur industrie. Les femmes des propriétaires ou celles qui ont leur confiance, veillent aux soins de l'allaitement et de l'hôpital. Apprenons, d'ailleurs, aux détracteurs des colons, que le Gouvernement était obligé d'arrêter par de fortes charges, leur penchant à renoncer à la propriété de ceux à qui ils croyaient devoir beaucoup de reconnaissance. (1) On a trop vu de quelle affreuse ingratitude ces bienfaits ont été payés.

---

(1) Je pourrais pour prouver ces traits de bienfaisance et faire appercevoir la necessité d'être très-sevère envers les nègres, citer de nombreux exemples. Je me borne à ceux que je trouve parmi mes proches. Feu M. Bérard, mon beau-père, l'un des plus grands propriétaires, commandant à la petite rivière, et décoré, après un long service, fut père de neuf enfans, nés à Saint Domingue, mais élevés en France. Chacune de leurs nourrices a eu sa liberté à la demande de leur respectable mère.

Dans leurs habitations, un nègre qui avait obtenu trop de confiance, fit périr, par le poison, les amans des négresses qu'il convoitait. La terreur qu'inspirait ce monstre, fermait la bouche de celles

Sans prolonger cette analyse, la raison seule indique les soins que doivent prendre de leurs nègres, des hommes qui fondent leur bien-être sur le travail et la conservation de ces individus. L'administration peut leur laisser la police intérieure de leurs domaines, en n'exigeant le recours aux tribunaux, que pour la punition des grands crimes. Le capitaine envers ses matelots, l'officier envers les soldats qu'il commande prèsentent aussi l'image d'un chef qui inflige des peines sans recourir à des juges. Le code qui guide les uns et les autres est, à-peu-près, le même chez tous les peuples policés.

Ah ! s'il est permis de censurer les vices de l'ordre social, il est plus doux de rappeller les observateurs des devoirs qu'il impose. Ce n'est pas, au reste, de

---

qui auraient pu faire connaître ses crimes. Ce ne fut qu'après la mort de trente de ces malheureux, dans le courant d'une année, qu'on découvrit qu'il en était l'auteur. Que n'aurait-on pas à dire sur le vol, l'incendie et la désertion ?

nos villes dissolues que devraient sortir ces amères critiques d'un pays où l'hospitalité et la bienfaisance étaient généralement exercées, où l'on ne connaissait pas l'excès de nos dépravations, malgré la fréquence du concubinage, principalement causée par l'extrême disproportion entre le nombre d'hommes et de femmes blanches. Un préjugé que la politique pouvait justifier, éloignait les blancs du mariage avec des femmes de couleur. Ceux qui le bravaient étaient nommés *Mésaliés*, et quelque riches qu'ils pussent être par eux-mêmes, ou par de semblables unions, on ne les recevait point dans la bonne société. Ces réflexions doivent faire désirer que des européennes vertueuses y donnent, par leur présence, plus d'occasions d'en former de légitimes et de plus décentes. Pour les encourager, l'ancien Gouvernement accordait des avantages très-flateurs aux enfans blancs nés dans nos isles de légitime mariage. Ils jouissaient des prérogatives de la noblesse.

CHAPITRE IV.

État de Saint Domingue. Ses produits anciens. Leur influence sur le commerce et la prospérité publique. Fonds d'encouragement.

L'ISLE de Saint Domingue est dévastée, mais les terres n'en sont pas moins fécondes. Un long repos aura même amélioré celles qui, dans les plaines étaient trop fatiguées. La majorité de la population noire y subsistera, y cultivera encore. Malgré la destruction des maisons, des magasins, des moulins à sucre, à café, à coton; on fera, avec de la tranquillité, des pas rapides vers la restauration. Des *Cases* couvertes de paille remplaceront des bâtimens plus solides; des moulins finis et plus commodes, seront remplacés par des machines informes, mais propres encore à procurer des denrées saines et vendables, et avec elles on retablira bientôt tous les moyens de perfection et de richesse. On a vu avec quelle rapidité l'incendie de la ville du Cap fut reparée en 1803. Les cannes à sucre produisent après dix-huit mois de plantation et repoussent dans quelques mois des rejettons bons à couper plusieurs fois. Celles de l'Inde, qu'on a plantées avec succès dans d'autres isles, sont plus précoces et ont des sucs plus abondans. Le cafier commence à rapporter dans la troisième année, et il y a lieu de penser qu'on en a peu détruit, quoique le défaut de sarclage et d'entretien, aura pu être funeste aux habitations abandonnées. La graine d'indigo produit, tout de suite, l'herbe donc on extrait cette teinture. On la coupe trois fois comme nos fourrages. Le coton est un arbuste qui porte dans la première année. Les patates et d'autres moyens de nourriture demeurent moins long-tems dans la terre que nos légumes. Enfin, la nature y est, en tout, aussi prodigue qu'active.

Mais

Mais le Gouvernement ne voudra pas se reposer après une si grande dévastation sur les seules ressources du sol et de l'industrie. Pour profiter promptement des avantages que l'Etat attend de Saint Domingue, des fonds d'encouragemens lui sont nécessaires. Il faut dans une sucrerie presqu'autant de mulets que de nègres, quand il n'y a pas de moulins à eau, et ces moulins comme ces animaux ont été détruits. C'est le besoin le plus pressant. Les chevaux et les bœufs ne les remplacent point, et d'ailleurs on ne peut espérer d'en retrouver beaucoup.

Le tableau des richesses qu'on peut extraire de nos isles, dont le produit annuel était évalué, en 1789, à plus de 200 millions, dans lesquels Saint Domingue participait pour les deux tiers, leur influence sur la prospérité nationale, enfin, ce moyen réparateur des maux de la guerre, fait désirer que toute mesure parcimonieuse soit écartée, quand il s'agit de reprendre tant de biens. Ce que les Colonies doivent à la métropole est calculé à 400 millions. Le nombre d'individus qu'elles occupaient dans leur action et leur réaction est infini. Ce mouvement s'apperçoit au premier coup-d'œil ; il est immense. Tous nos ports de mer vivifiés par elles ainsi que nos fabriques ; la marine militaire s'augmentant avec rapidité dans cette pépinière de matelots marchands ; ces objets d'échange, rendant les nations étrangères tributaires de la France, au point que la balance du commerce était, d'après des calculs sévèrement vérifiées, de 70 millions en sa faveur. La Capitale et d'autres grandes villes, embellies par la présence de tant d'hommes opulens, qui y fixaient leur séjour et y faisaient élever leurs enfans ; tous ces avantages frappent les yeux les moins familiers avec les calculs d'intérêts d'état, et les esprits les plus engourdis sur l'inactivité des ports et la ruine de tant de milliers de propriétaires colons et de négocians, dont les richesses excitaient autant l'admiration que l'envie de tout le continent européen.

Le commerce du levant dont les importations surpassaient trente millions, était principalement alimenté par nos sucres, nos cafés, nos indigos. Quelque diminution que les évènemens politiques apportent à ce genre de notre ancienne industrie, l'entrée de nos navires dans la mer noire, notre part future dans le commerce des lieux qu'elle baigne, les débouchés nouveaux et plus faciles dans l'intérieur de l'Italie, bienfaits que nous devons aux profondes conceptions de l'Empereur, autant qu'à ses victoires, annoncent à Marseille, qu'elle retrouvera cette brillante activité qui lui assignait la troisième place dans le rang des villes maritimes. Cela sera sur-tout, si comme on l'espère, le système de franchise mixte qui régissait son commerce, est retabli pour le plus grand intérêt de l'Etat. Cet attrait, que présente aux étrangers comme aux nationaux, l'adroite politique de nos voisins dans les ports d'Italie, reveillerait les projets d'agrandissement du superbe bassin de cette cité célèbre. Depuis long-tems on prévoit son insuffisance pour contenir les navires que son commerce, dont les relations embrassent le monde connu, peut occuper un jour.

Enfin, toutes les sources du bonheur public seront grossies de ces trésors que les terres les plus fécondes renferment pour se r'ouvrir au moment où des bras et des capitaux leur seront rendus.

Ces vérités ne sont senties, dans toute leur force, que par les hommes instruits. On ne saurait faire trop d'efforts pour les rendre palpables à tous les habitans de l'Empire. Qui que vous soyez, propriétaires, commerçans, marins, artistes, vous tous devez apporter une part à l'offrande que réclament nos Colonies.

Vainement compterait-on, pour Saint Domingue, sur les ressources du commerce, même étranger, dans les premiers momens de paix. L'impuissance d'un côté;

la défiance de l'autre, prolongeraient languissamment l'époque si désirable de sa restauration. Quoiqu'on ait pu penser, après le traité d'Amiens, dans le conseil de Bordeaux, les nouveaux malheurs doivent y avoir fait renoncer à des espérances, qui pouvaient même, alors, paraître très-hardies.

C'est donc dans cette circonstance que la profusion serait économie, que les vœux les plus pressans doivent être adressés à l'Empereur, et que sa bienfaisance comme son génie, doivent être sécondés par l'esprit public.

Ah! qu'ils l'ont trop senti, ces rivaux trop fiers de leur opulence, habitués à des calculs que notre éducation n'a jamais si généralement étendus, que parmi eux. Peu d'hommes de la classe distinguée ignorent, en Angleterre, quelle est l'influence des Colonies du nouveau monde, sur l'éclat d'une grande nation, et celui que répandait sur la France, celui de nos isles a toujours blessé leurs yeux. Ils savent tous, ce que beaucoup de personnes ignorent parmi nous, que c'était de Saint Domingue que sortait la moitié des sucres qui venaient en Europe.

C'est, au sur-plus, de nos propres mains dont on s'est servi, pour jetter les premières étincelles de cet embrâsement. Quels que soient les coopérateurs des maux que nous avons soufferts, à quelqu'exécration qu'ils soyent voués, sommes-nous consolés ? Que, du moins, cette terrible leçon du passé soit toujours présente à nos neveux, comme elle l'est à nos regards !

Après les sacrifices de la guerre, c'est pour nos manufactures coloniales, que nous devons en faire. L'état vient au secours de celles de la France, qu'il en soit béni ! Mais qu'ici le tribut d'encouragement puisse être aussi abondant que le sera celui de la terre.

En lisant dans l'histoire des deux Indes, (ouvrage que nous citons avec timidité à cause des violentes déclamatious qu'il renferme, mais où l'on trouve des tableaux historiques qui auraient pu être séparés, pour l'instruction commune, qu'on ne peut même se dispenser de connaître, quand on tient à l'Empire qui a une si belle part dans les richesses du nouveau monde,) en lisant, disons-nous, ce que devint la Guadeloupe, dans la guerre de 1756, en trois ans, par les avances qu'on lui prodigua, quels vœux ne forme-t-on pas pour Saint Domingue, dix fois plus étendue et bien autrement féconde. Un orateur célèbre, (M. le cardinal Maury,), disait en 1790 ; en faisant remarquer l'accroissement de Saint Domingue, que l'ouvrage de l'abbé Raynal, n'était plus sur ce point, qu'une vieille chronique. Trop véhément.... Trop heureux écrivain, il promenait nos regards sur un tapis de verdure, parsemé d'or et de pierreries, et il a fermé les yeux avant qu'un voile funèbre s'étendit sur ces brillantes contrées qu'il avait si élégamment décrites ! Les comptes publiés à l'époque que nous venons de citer, par M. Barbé-Marbois,

Cet administrateur aussi habile qu'intégre ; qui montra les abus et les ressources de de ce beau pays, où nos yeux aujourd'hui ne fixent que des ruines, frappent d'admiration. Depuis la paix de 1783, époque très-brillante pour Saint Domingue, qui vit flotter presque tous les pavillons connus dans ses ports, la population et les produits de la partie Française étaient augmentés d'un quart. Cette isle qui, comme on le sait, a 160 lieues de longueur, 350 de circuit, 30 en largeur moyenne, presque par-tout fertile, peut occuper un jour plus de mille navires ; dix ans peuvent nous montrer ce brillant tableau, et la moitié de ce tems suffirait avec de grands moyens, pour retrouver la majeure partie des anciens revenus. Avant que des mains barbares eussent repris le pouvoir, on était près de ce bonheur.

Ces idées flateuses ne peuvent être regardées comme des illusions que par ceux qui ne connaissent pas ces fertiles contrées.

Peu de tems suffira pour convaincre les incrédules si des chefs expérimentés et vertueux justifient l'espérance de la France et la confiance de son chef auguste, si tout le bien qu'ils peuvent faire n'est pas contrarié par l'intrigue et la cupidité.

Ah ! que des guerriers illustres, des magistrats honorables, puissent ne plus voir à leurs côtés des hommes qui croyent que le courage seul, peut obtenir des hommages, qui se font de la véritable gloire une si fausse notion, qu'ils pensent qu'on peut l'obtenir, sans avoir une ame aussi pure, aussi brillante qu'elle !

CHAPITRE V.

Importance des bons choix dans les officiers Civils et Militaires. De la composition des Troupes. Climat de nos Colonies et principalement de Saint Domingue.

Après avoir choisi des chefs dignes d'une grande confiance, la nation formera les mêmes vœux pour les coopérateurs qui leur seront donnés, et pour l'heureuse composition des troupes destinées à reprendre et conserver Saint Domingue. Celles qui ont vécu dans des climats chauds, doivent, comme nous l'avons dit, être préférées. Ce sera un grand avantage que de trouver un certain nombre de nos guerriers acclimatés dans les pays conservés. On a vu en 1783, 15 à 20 mille hommes de troupes françaises et espagnoles, à Saint Domingue, destinés alors à s'emparer de la Jamaïque. Les anciens administrateurs attesteront qu'il y avait une extrême disproportion entre la mortalité des uns et des autres. Le caractère moins ardent des Epagnols, leur sobriété, les préservaient des maladies qui désolent communément nos troupes au-delà du Tropique. Ils n'en éprouvaient pas davantage que dans leur propre pays.

Par quelle fatalité tant d'hommes ont-ils péri dans la dernière paix ? D'autres causes que celles du climat y ont contribué. Les hôpitaux y étaient, dit-on, très-mal tenus. Aucune précaution ne garantissait des rechûtes plus dangereuses souvent que les maladies. Sans doute, le climat est meurtrier pour des européens livrés à une activité continuelle dans la chaleur du jour et l'humidité des nuits; mais les nourritures salées, les boissons spiritueuses, l'intempérance et le défaut de soins dans les hôpitaux, sont des causes également destructives. C'est donc sur les préposés que l'administration supérieure doit soigneusement avoir les yeux. La plus active sévérité peut seule contenir l'avidité d'une foule d'agens subalternes, qui fondent leur fortune sur les privations qu'ils imposent ou la mauvaise qualité des alimens. Trop d'exemples dans le cours de nos guerres, justifieront l'inquiète surveillance des chefs.

Ce serait une erreur de croire que le climat de nos isles s'oppose à la conservation des hommes. Je me rappelle des calculs de M. Mozard, imprimés au Port-au-prince, comparatifs de la mortalité dans nos villes et dans celles de Saint Domingue; ils prouvent, sans replique, qu'elle n'est pas plus grande communément. La Martinique est plus saine que Saint Domingue, en général; mais cette isle n'a de dangereux que les lieux où l'on n'a pu encore combler ou dessécher les marais; on n'y connaît aucune bête féroce ou vénimeuse; presque partout, les vents ou les brises périodiques y rafraîchissent, y purifient l'air; on y vieillit presqu'autant que dans la partie méridionale de l'Europe, on y connaît moins de genres d'infirmités, quand on mène une vie sobre, qu'on a pu prévenir les premières effervescences du sang, quand l'esprit ne s'y frappe pas de la crainte de la mort, faiblesse qui seule peut la causer, en affectant trop l'imagination et en corrompant les humeurs.

Les femmes y éprouvent rarement des maladies; elles doivent cet avantage à leur constitution : il prouve qu'on doit y combattre ce qui procure des réplétions et prévenir, en arrivant, les inflammations par la saignée. On respire dans les montagnes et même sur des sites peu élevés, l'air du printems; on y recueille des légumes, des herbes potagères semblables à celles d'Europe, et par-tout, des melons, des oranges, des ananas et d'autres fruits savoureux. Le jasmin embaume les vallons. Les propriétés, dans les plaines, sur-tout, sont entourées par des haies de citronniers toujours verds. L'ordre ramené, quelques rivières mieux dirigées, telles, par exemple, que l'Artibonite qui pourrait, sans danger, fertiliser davantage, l'une des plus belles plaines qui en porte le nom, on verrait bientôt ce beau pays dans un état de prospérité, qui réaliserait les rèves fantastiques de l'imagination.

Heureux tems pour ces contrées, reviendrez vous encore ! On dormait sans crainte dans nos isles, les portes entr'ouvertes : on y voyageait avec sécurité dans les plaines comme dans les montagnes. Le nègre et le mulâtre respectueux, y regardaient un blanc comme un être supérieur, et cette force morale suffisait, presque, à la sûreté de tous. Plusieurs hommes, dit-on, abusaient de cet ascendant ; eh ! cherchez donc sur la terre, des lieux où les êtres vivans n'abusent pas de leurs avantages. Censeurs inquiets ou de mauvaise foi, que n'aurait-on pas à dire, si on examinait, de près, votre conduite privée !

CHAPITRE VI.

Reflexions sur la liberté du Commerce, à Saint Domingue, pendant les premiers tems de la paix.

La liberté du commerce étranger devenant, peut-être, pour Saint Domingue, dans les premiers tems, nécessité, cette loi impérieuse devant laquelle tout fléchit, l'attention se portera sur les faveurs que peuvent attendre les nationaux, qui le feront en concurrence. Il serait trop hardi d'indiquer les conditions qu'on devra imposer et les encouragemens qui pourront être accordés, pour exciter la confiance dans les crédits, dont les colons auront besoin. Mais on peut aller au-devant des principales difficultés et chercher dans le passé, quelques guides plus surs que des vœux ou des conseils présomptueux.

Nous avons fait remarquer que le besoin le plus pressant, était celui des mulets. Les Espagnols peuvent seuls nous en fournir avec abondance, à cause du voisinage de la côte ferme d'Amérique. Ceux qu'on éleve dans les Etats-Unis, souffrent de la trop grande chaleur et n'ont pas le pied aussi endurci. Les Espagnols de cette côte ne recevaient, autrefois, en échange de ces animaux, qu'une faible partie de leur valeur en marchandises. Il fallait donner en espèces la plus forte solde. Cet article essentiel exige donc beaucoup d'argent.

Viendront ensuite les besoins de bras que les guerres, les traitemens barbares, les maladies vénériennes, en l'absence des personnes habiles dans l'art de guérir, auront réduit, peut-être, à la moitié de la population de 1790, calculée alors à 450 mille esclaves. Le besoin en séra, d'autant plus urgent, que les hommes industrieux qui acquerront des terres, où aucun nègre, peut-être, ne sera attaché, n'auront d'autres ressources que celles d'en acheter dans les cargaisons qui se présenteront

senteront. C'est sur-tout, pour cet objet principal que nous craignons de n'être facilités que par le commerce étranger.

On va d'abord se demander comment on doit espérer du crédit pour des propriétaires, qui ne pourront offrir que des revenus lents et incertains. L'exemple du passé répond en partie à cette objection, quelque différence qu'il y ait entre l'état actuel des terres et celui d'une époque antérieure.

On a vu à la Jamaïque des négocians ou des facteurs de riches maisons anglaises, faire de très-forts et très-longs crédits à des négocians établis à Saint Domingue, dans les principales villes et même à de grands propriétaires. Ces négocians en divisant les nègres qu'ils avaient achetés, à longs termes, dans les mains de plusieurs propriétaires, pouvaient espérer de récouvrer une partie de leurs avances, avant l'expiration du tems obtenu par eux, et trouver dans leurs fonds ou dans d'autres crédits, les moyens d'en attendre la solde. (1) Des armateurs de France, peuvent faire les mêmes opérations et consentir à ne retrouver la majeure partie de leurs capitaux et des bénéfices qui y seront ajoutés que partiellement et d'année en année, en prenant confiance dans les individus qui exploiteront des terres si fécondes. On cite une maison de Londres, qui fit pour plusieurs millions de crédit à divers propriétaires, pendant le tems que les Anglais

---

(1) L'auteur de cet écrit paya pour les bâtimens neutres, qui lui furent adressés au Port-au-Prince, en 1780. 81 et 82, un million de droits d'octroi et d'occident. Il en a conservé l'état, légalisé par M. Barbé-Marbois. Il fit lui-même de très-forts crédits à des propriétaires qu'il passait comme ventes au comptant, d'après l'usage des isles étrangères où l'armateur ne connait pour débiteur, que son correspondant.

L'indemnité des avances et de la garantie des acheteurs se trouve dans une plus forte commission, qui est de cinq pour cent sur la vente, et autant sur les retours; elles valent la peine d'être ménagees. La maison Foache a fait au Cap des commissions plus étendues encore.

occupaient la partie de l'Ouest de Saint Domingue, quoique cette possession fût très-précaire, et que la guerre civile fût allumée dans toute l'isle. Les négocians entreprenans savent que les grandes opérations demandent du tems et des avances, et qu'il faut courir des chances si on veut obtenir de grands profits. Il est donc probable que de riches capitalistes seraient très-disposés à faire avec les propriétaires du sol, le plus productif du monde connu, un commerce étendu, protégé par de bonnes loix, et qu'ils pourraient suivre pendant plusieurs années : ce qui est plus désirable, sans doute, que le commerce sous pavillon étranger, (ressource qu'on n'invoque que dans un extrême besoin,) ce qui éviterait la distraction pour la métropole d'une grande partie des produits de Saint Domingue, ce serait de voir de riches négocians, de tous les pays, établir dans nos ports des maisons qui fissent le commerce de la traite des noirs, assez hardis pour demeurer privés, pendant quelques années, de leurs fonds, dans l'espérance d'un commerce lucratif et toujours croissant ; nous devons former ce vœu, mais il ne peut s'accomplir que par l'effet d'une confiance plus entière que celle qui s'est montrée, jusqu'ici, entre ces capitalistes et nous. Il y aurait de la présomption à se flater de la voir renaître au moment même de la paix. Au sur-plus, indépendamment des ressources encore abondantes, qui restent à quelques riches négocians français, et à plusieurs personnes très-entreprenantes, il est certain que d'opulens étrangers avaient, après le traité d'Amiens, écrit dans nos ports, pour offrir des fonds en commandite, pour le commerce de nos Colonies : ainsi partout où il y a à gagner, le génie du commerce et de l'industrie applanit les obstacles qui paraissent les plus décourageans.

Nos besoins pour Saint Domingue étant tels qu'il faille ne pas perdre un instant pour y pourvoir, nous voudrions entrevoir la possibilité de retenir, pour notre seul pavillon, le commerce de cette isle, sans que l'état déjà soumis à des dépenses si considérables pour la marine et les troupes, fut obligé à des avances. Mais si ces vœux sont impuissans, cherchons à concilier l'intérêt des colons et celui des prêteurs, sans perdre de vue les créances anciennes. Le balancement de ces divers intérêts est, lui seul, le sujet d'une profonde discussion. Quelques opinions particulières ne fixeraient pas l'attention publique et la confiance de l'administration.

Le commerce de France s'éleva, avec beaucoup de force et de raison, contre l'ordonnance que s'était permise, en 1788, quoiqu'avec de bonnes vues, M. Duchilleau, alors gouverneur à Saint Domingue, malgré la noble et vigoureuse résistance de M. de Marbois, son collègue. Elle autorisait les étrangers à introduire des nègres dans la partie du Sud de cette Colonie, dont les habitans élevaient de fortes plaintes sur l'abandon où les laissait le commerce de France pour la fourniture des nègres. A la vérité, les armateurs de nos ports préferaient l'abord des quartiers plus opulens du Cap et du Port-au-Prince, mais le Gouvernement ne pouvait laisser aux étrangers un commerce que les Français pouvaient faire. Cette ordonnance fut cassée comme on pouvait le prévoir, cependant les étrangers avides de partager un grand commerce, firent, tout de suite, des expéditions et en avaient préparé un grand nombre lorsque l'Arrêt du conseil du Roi les arrêta.

Ces citations prouvent avec quel empressement les négocians, qui ont de grands moyens ou un crédit très-étendu, embrassent, sans crainte, l'occasion de donner des développemens à leur industrie. Le taux de l'intérêt a été long-tems en Hollande et en Angleterre, à quatre pour cent; on conçoit, à ce prix de l'argent, combien il est possible de faire de bonnes opérations, quoiqu'elles exigent une très-longue attente des fonds qu'on a répandus.

Au reste, plus on médite sur les moyens de restauration, plus on sent la nécessité d'une discussion lente et sage, éclairée par l'expérience et l'exemple, dont le résultat applanisse les principales difficultés présumées d'abord invincibles.

Ce qu'il faut prévenir aussi, ce sont ces débats fâcheux, trop souvent élevés entre les colons et négocians français qu'on a rarement accordés, débats plus animés encore, au milieu des orages de la révolution, et lorsque les torches incendiaires allaient les rendre si oiseux. Le plus pressant intérêt pour les uns et les autres, est celui de retrouver, après le retour de l'ordre, d'abondantes productions d'un sol depuis si long-tems stérile pour nous. Un même esprit devrait animer les uns et les autres. Leurs liens, que des malheurs et des besoins communs ont rendu plus chers, devraient être resserrés par un sentiment semblable à celui qui guide deux époux dans une sage et industrieuse communauté.

CHAPITRE VII.

Réflexions sur les titres de propriété, et sur les villes des Colonies.

La fureur des barbares de St. Domingue s'est portée aussi sur les papiers que renfermaient les différens greffes de la Colonie. On en a, dit-on, envoyé à la Jamaïque. (1) On conçoit quelle confusion devra mettre dans les propriétés et les réclamations quelconques l'absence de ces titres précieux. Par une prévoyance bien sage, l'ancien Gouvernement avait voulu que tous les doubles des actes notariés dans nos isles, fussent expédiés à la diligence des procu-

(1) M. le commissaire des guerres Leaumont m'a assuré qu'après l'évacuation de la partie du Sud, par le général Brunet, il fit un dépôt de soixante caisses et quelques barriques de papiers, dans les mains du gouverneur de la Jamaïque ; que semblable précaution avait été prise pour le greffe du Port-au-Prince. Il est à présumer qu'elle aura également eu lieu au Cap et à Saint Marc.

reurs généraux des Conseils supérieurs, dans un dépôt établi à Versailles ; mais depuis longtems il n'en a plus été envoyé. Ces réflexions indiquent la nécessité de préparer, à l'avance, les moyens qui peuvent suppléer, autant qu'il est possible, à ces titres perdus. N'y aurait-il pas quelqu'avantage à inviter tous les propriétaires à faire, sans frais, devant le juge de paix du lieu où ils se trouvent, et devant la chancellerie du consulat en pays étranger, une déclaration en double de leurs possessions en terres, en maisons et même en créances ? Le recueil de ces déclarations, dont le double serait envoyé au ministre de la marine et des colonies, et classées par son ordre, servirait à faciliter les réclamations et les prises de possession qui auront lieu un jour. On entrevoit dans cette mesure une plus grande tranquillité pour les propriétaires, et une sorte de garantie contre les prétentions odieuses que pourraient élever des hommes de mauvaise foi, se disant propriétaires, ne l'étant pas, ou qui se seraient dépouillés par des actes qu'ils supposeraient inconnus. L'indication des bornages des terres et des maisons est pour les vrais propriétaires une sauve-garde. Cette mesure ou une autre meilleure préviendrait peut-être des maux sans remède, en étant trop long-tems différée. Il est superflu de dire que toutes ces déclarations ne seraient considérées que comme des indices, et ne donneraient aucun droit positif, mais elles faciliteraient beaucoup l'administration pour rendre à chacun ce qui lui appartient, à l'aspect des titres ou, à leur défaut, de cette notoriété anticipée. Il existe dans les bureaux de la marine et même chez plusieurs particuliers des plans de quartiers, de villes, de plaines, d'habitations, avec la désignation des noms des propriétaires, mais quelqu'utiles et souvent décisifs que soyent ces indices pour les grandes propriétés surtout, toutes ne peuvent être connues, et c'est sur tous les propriétaires que s'étend la sollicitude du gouvernement.

C'en est une bien précieuse que celle qui prévient les discussions, et qui intimide, à l'avance, la cupidité de ceux qui cherchent des ressources dans le désordre et la confusion. Il est à-propos d'observer que les habitations sont, très-long-tems après qu'elles ont changé de mains, désignées par le nom des anciens possesseurs ou par les mots *héritiers tels.*

Les emplacemens des maisons qui peuvent dans les villes se trouver brûlées, sont encore une propriété essentielle. On a parlé, dans divers écrits, avec beaucoup d'insouciance, des villes et bourgs des Colonies. Ceux qui n'y voudraient voir que des plantations et des navires, nous ramènent aux tems primitifs que notre éducation ne nous permet pas de regretter beaucoup : les villes policent et adoucissent les mœurs, elles sont nécessaires à l'administration, aux tribunaux, au commerce, à divers genres d'industrie. Si elles enfantent quelques vices, elles en préviennent d'autres ; et ce sera toujours un ridicule systême que de vouloir singulariser les colonies, en cherchant à en écarter ceux qui ne voudraient pas y vivre dans la molesse ou l'excessive fatigue des campagnes.

Relativement aux villes, il suffit d'indiquer aux hommes qui portent leurs regards sur nos isles que tous les objets manufacturés viennent d'Europe et que la main d'œuvre y est à trop haut prix pour qu'on fabrique ce que le commerce peut importer, quand même on y aurait des matières premières. Ainsi, par exemple, quoique le coton croisse dans nos colonies, c'est en france qu'on le met en œuvre. On y fait cependant quelques ouvrages en orfévrerie, des meubles d'acajou ou d'autres bois du pays, ainsi que des voitures et différens objets de l'attribut des selliers. D'autres artistes y trouvent de l'emploi, mais c'est dans les entreprises de charpente et de maçonnerie, que doivent, surtout, fixer les yeux ceux qui sont propres à ce genre de travail et d'industrie.

CHAPITRE VIII.

Notions générales sur le régime ancien et nouveau des Colonies. Moyens d'en rendre l'administration éclairée et facile par des conseils consultatifs dans les Colonies et près du Gouvernement.

QUELQU'IDÉE que les malheurs des tems ayent donné des Colonies, on peut avancer qu'elles sont de tous les départemens de l'Empire ceux dont l'administration est la moins compliquée et la plus facile : il serait dangereux de s'en former une autre opinion.

Dans l'ancien régime, on se plaignait du despotisme du gouverneur et de l'intendant et en général des personnes en place, qui rarement tenaient au sol par des propriétés. Les corvées et les milices étaient des sujets de murmures continuels ; le dédale de la chicane y perpétuait la mauvaise foi des comptables, des débiteurs, des agens infidèles chargés de les poursuivre. Les frais de justice dévoraient une partie des créances et des successions, quoiqu'on n'y connût ni le timbre, ni le contrôle, ni l'enrégistrement.

Le commerce était accusé de dureté et souvent de fraude ; le commerçant se plaignait de l'impuissance des loix, de l'ascendant que prenaient les grands propriétaires sur l'esprit des administrateurs, pour éluder leurs engagemens, pour obtenir des faveurs ; il y avait beaucoup d'exagérations dans toutes ces plaintes ; mais on doit convenir qu'on pouvait en ajoutant aux améliorations que le régime des Colonies avait éprouvées, le perfectionner davantage.

Sous le Gouvernement actuel, on n'a pu y ressentir encore les effets du système régulier qui doit les régir un jour ; et les colons qui habitent les isles conservées, attendent, avec une sorte d'inquiétude, l'espèce de bonheur qui leur est réservé.

Au moment de la paix, le Gouvernement n'a dû considérer nos Colonies que comme des pays conquis, en quelque sorte, dont le premier besoin est le repos, qu'une obéissance passive peut seule ramener promptement.

A Saint Domingue, par exemple, on ne peut se flatter qu'avant le rétablissement de la discipline et de la soumission, il puisse être établi une administration qui ait pour fondement, comme pour appui, la division des pouvoirs, la simplicité et la règle qui doivent en assurer le bonheur. Ce n'est donc pas de cet état pénible, mais passager sans doute, dont il faut s'occuper. Tous ceux qui se proposent de rétablir leur fortune ou de la faire, savent d'avance qu'il faudra supporter patiemment les peines de cet état fâcheux, au milieu desquelles des subalternes avides trouveront à prolonger leurs vexations, à satisfaire leur cupidité ; il est trop prouvé que c'est dans le désordre qu'elle trouve des alimens, et que ce n'est pas ceux qui en profitent qui ont intérêt à le voir cesser.

Mais ce qu'on peut attendre c'est l'attention scupuleuse qu'apportera le Gouvernement dans le choix de ses agens. C'est d'eux dont dépendra principalement le bonheur ou le malheur de ces contrées.

Quoique l'ancienne administration intérieure des Colonies, ne fut pas exempte de reproches, la critique est forcée au silence; elle ne peut, du moins, lancer que de faibles traits, en rappellant les noms de la plupart de leurs anciens administrateurs, dans les dix ou quinze années qui ont précédé la révolution. (1) Quoique quelques-uns d'entr'eux soient vivans, ce n'est point adulation, mais un juste hommage, que de les signaler aux hommes jeunes encore, qui peuvent être appellés un jour à ces places éminentes.

---

(1) Messieurs d'Ennery, Devaivre, Malouët, d'Argout, Bongars, Bellecombe, la Luzerne, Barbé-Marbois, Peynier.

Leur intégrité, leur sage conduite n'avaient pu détruire de nombreux abus, trop anciens et trop compliqués, mais de quel secours n'avait pas été pour le rétablissement de la morale, l'exemple de ces chefs recommandables, à tant de titres, dans l'observation de leurs devoirs? Quelle différence on appercevait des époques anciennes à une époque plus récente, et quelle tendance n'y avait-il pas vers une amélioration plus sensible encore?

Au lieu de flibustiers, de gens sans aveu, de gérans infidèles, on voyait arriver des hommes bien nés, bien élevés, des facteurs éprouvés chez des négocians de France bien famés, et le Gouvernement comme les propriétaires, avaient peu de peine à fixer convenablement leur confiance. De jeunes candidats trouvaient avec une facilité, qu'on rencontre rarement en Europe, de bons et loyaux colons qui cautionnaient la fidélité des régies qui leur étaient confiées. L'administration n'exigeait point d'argent, mais une garantie souvent très - importante, qui n'effrayait pas ces généreux amis ; il en a coûté, quelquefois, de fortes sommes à ces hommes faciles, et malgré ces leçons cruelles l'esprit de bienfaisance, généralement répandu dans nos isles, reprenait son empire et de nouveaux services étaient encore obtenus. Je voudrais pouvoir citer tous ces hommes honorables, qui trouvaient dans leur ame élevée, ces jouissances inconnues aux hommes durs, mais ils vivent dans le souvenir des familles de ceux qu'ils ont si noblement servi et de témoins, encore vivans, transmettront aux neveux mille généreux procédés. Ils sauront aussi combien le malheur y éprouvait de consolation, avec quelle facilité des pertes qui enlèvent ailleurs le crédit, quelquefois suffisant pour réparer les désastres, étaient un nouveau titre à la confiance, à la sollicitude de l'amitié. C'est un contraste bien frappant que celui que présentent ces Colonies, où règnent à côté de beaucoup de licence, tant de loyauté, de franchise et de désintéressement. Croirait-on, sans l'avoir vu, qu'une cargaison se vend, à crédit, à cinq cens individus, quelquefois très-peu connus, sans autre titre que le *débit* dans les régistres du vendeur ; et qu'à peine on y cite des exemples de dénégation, quoique les valeurs soient bien autrement importantes que celles que nos lois déterminent pour la foi dûe aux marchands ?

C'est donc à l'insuffisance des réglemens, à la faiblesse des administrateurs, à l'inattention, la vacillation et les erreurs du ministère qu'il fallait attribuer les mécontentemens et les plaintes qui s'élevaient de toutes parts. Il est plus difficile, sans doute, de trouver la perfection désirable ou possible, à un si grand éloignement, que dans le centre de l'Empire; mais si le Gouvernement persévère dans les projets déja conçus, il s'en approchera promptement.

Indépendamment des chambres d'agriculture et de commerce dans les Colonies, et des députés qui doivent être nommés dans l'esprit de l'arrêté du mois de ventose an XI, on a paru désirer, qu'à l'exemple de quelques autres puissances, il fut formé un conseil des Colonies, composé de personnes instruites de tous leurs intérêts par leurs anciens travaux et leur résidence. Les demandes et mémoires des députés, seraient remis, d'abord, à ce conseil, qui les discuterait et qui s'occuperait constamment de projets de lois et de réglemens utiles.

Le ministère qui réunit cette importante direction des Colonies, à celle déjà si étendue et si compliquée de la marine, n'en serait que mieux éclairé, et ses rapports deviendraient plus faciles.

C'est encore de ces heureux choix que dépendra beaucoup l'harmonie qui doit exister entre la métropole et les intérêts des Colonies et du commerce. Ces réflexions ont fait aussi désirer que le Gouvernement se réserve, pour la première fois au moins, l'initiative paternelle des nominations, pour Saint Domingue, et celle des autres isles, dont les choix ne sont pas encore fixés, puisqu'il peut connaître en France des hommes qui en sont dignes. Après tant d'orages, on doit craindre qu'il se trouve dans l'intérieur des Colonies, trop de fermens de haine, de discorde et de défiance.

En nous permettant d'émettre ainsi des opinions, nous ne faisons que retracer ce que des observateurs sages expriment dans leurs dissertations. D'autres peuvent avoir de meilleures idées, et comme c'est le mieux que cherche toujours le Gouvernement, on ne peut craindre de déplaire en faisant connaître les divers moyens qui peuvent concourir au bonheur public, et conséquemment à la gloire du souverain.

CHAPITRE IX.

Continuation du même sujet. Administration et législation intérieures. Danger du projet d'établir un tribunal de Cassation dans l'une des Antilles.

On avait adopté dans l'ancien Gouvernement, le systême de ne conserver que pendant trois années, le gouverneur et l'intendant. Craignait-on que ces chefs ne devinssent trop ambitieux, qu'ils n'adoptassent des opinions contraires aux intérêts de la métropole? Nous l'ignorons. Ce qu'on peut dire, c'est qu'ils quittaient la Colonie, lorsque leur expérience des affaires locales leur permettait de rendre l'administration plus parfaite; que la connaissance des hommes et des choses qu'on va gouverner, dans des lieux si différens de la France, ne peut s'acquérir promptement et que les fautes ou les erreurs essentielles sont souvent irréparables.

On se méfiait aussi des grands propriétaires ; ce n'était plus dans cette classe qu'on choisissait les gouverneurs. Supposait-on que le commerce aurait de leur part une moindre protection ; que l'homme étranger au commerce et aux cultures, serait plus impartial ? Si ce système était vicieux, au moins, le motif en était louable. Quelque principe qu'on adopte désormais, le but du Gouvernement, le vœu des gouvernés seront remplis lorsque les premiers magistrats civils et militaires seront éclairés, fermes et vertueux. A titres égaux, on ne voit pas pourquoi de grands propriétaires seraient écartés ; pourraient-ils oublier jamais que le commerce est l'ami le plus précieux de l'agriculture, que tout doit tendre à rapprocher, à unir ces deux branches immortelles de la prospérité publique.

On appercevait dans les isles, plus qu'ailleurs, une ligne de démarcation entre les fonctionnaires publics, les propriétaires et les commerçans, mais elle trouvait sa cause dans une différence que des réglemens ne peuvent effacer, celle de la fortune, de la faveur qui, trop souvent, marche avec elle et de l'autorité que s'arrogent certains hommes, même hors de leur emploi. L'homme opulent et celui qui a besoin d'acquérir, le protecteur et le protégé n'auront jamais les mêmes liaisons, la même contenance, à moins que des besoins mutuels ne les rapprochent. On se rappelle ces mots écrits dans les maximes de la Rochefoucault, *quelques découvertes qu'on ait faites dans le pays de l'amour-propre, il y a encore beaucoup de chemin à parcourir.* Les petites passions, dont la scène du monde, montre à chaque pas le ridicule, si bien dépeint par nos grands maîtres dans l'art dramatique, entretiendront dans toutes les régions et sous tous les régimes de perpétuelles plaintes. Elle seront plus exaltées dans ces climats ardents où l'imagination est plus vive, où l'on ne se transporte que parce qu'on se reconnait du courage et de l'ambition ; et où des ressources plus faciles écartent ce sentiment qui rend, en Europe, un grand nombre d'individus timides ou rampans.

En parlant de l'importance des choix pour les Colonies, on ne peut s'empêcher de faire sentir combien les erreurs en ce genre doivent y être plus funestes encore que parmi nous. En quelques jours, le Gouvernement peut être informé des fautes d'un administrateur quel qu'il soit : il faut des années, souvent, pour bien connaître celles des autorités supérieures dans les Colonies ; et quels seront ceux qui auront assez de force ou de crédit pour porter aux pieds du trône de justes plaintes, pour provoquer un changement nécessaire? D'autre part il ne faut pas perdre de vue le danger qu'il y aurait à placer ces fonctionnaires, sous une surveillance capricieuse, qui créerait des torts par un sentiment de jalousie, d'ambition ou de haine. Le Gouvernement sentira, en discutant la constitution coloniale, quels doivent être les contre-poids de cette balance qui assure à tous récompense ou punition, et qui permette de connaître en France, la conduite de ses principaux agens. L'histoire n'a pas encore fait justice de ceux de l'Inde, du tems de l'infortuné Lally. L'opinion publique n'est pas du moins bien fixée sur les officiers civils et militaires qui s'accusaient mutuellement.

C'est donc pour ces contrées principalement, qu'on doit désirer des hommes d'une réputation épurée, d'une sagesse reconnue ; de toutes les précautions, ce sera la plus sûre.

L'examen ne doit pas être moins sevère pour les tribunaux et les officiers principaux de comptabilité. Alors cesseront ces propos injurieux qui accompagnent les fonctionnaires destinés aux Colonies, propos justifiés, en quelque sorte, par de nombreux abus d'autorité, et des prévarications repetées.

Quand on pense que ce n'est qu'en traversant d'immenses mers, qu'on peut obtenir la cassation d'un arrêt injuste, dans lequel les lois ou les formes auraient été violées ; certes, on doit désirer que les tribunaux placés dans nos isles soient bien composés. Les colons étaient si effrayés de ce moyen unique d'obtenir la réparation d'une grande injustice qu'ils avaient fait de grands efforts pour qu'on établit un tribunal de cassation à Saint Martin, l'une des petites Antilles, d'où les tribunaux de chacune d'elles auraient ressorti.

Ce projet était dangereux : (1) il trouva de nombreux apologistes, mais quelques propriétaires résidant en France, et les députés du commerce s'opposèrent fortement à l'adoption d'une mesure effrayante

(1) Je fis appercevoir en 1791, dans une lettre insérée dans le Moniteur, adressée au comité Colonial, presqu'entraîné à cette mesure, ses inconvéniens que j'y avais vainement rappellés, et nous chargeâmes, mes collègues et moi, M. l'avocat de Sèze, de rédiger un mémoire imprimé, qui les développa davantage. Le comité en fut frappé, et le projet fut écarté.

pour ceux qui demeurant en France, avaient de grands intérêts dans les Colonies, pour les colons eux-mêmes considérés en général, dont les relations d'isle à isle n'eussent guères été plus faciles qu'avec la métropole, et qui ne peuvent être, comme tous les habitans de l'Empire, pleinement rassurés, au moment d'un grand péril, que dans l'asile commun placé sous les yeux même du trône.

Que les colons ne s'en offensent point. Ceux qui sont de bonne foi conviendront que ce projet, l'extrême ambition qui leur était reprochée dans ce désir de vendre, au plus haut prix possible, le produit de leurs terres, d'acheter à meilleur compte du commerce étranger, ont pu être régardés en France, comme un défaut de patriotisme, comme une tendance à l'éloignement d'une métropole, suivant eux, trop exigeante.

Ceux qui jugent avec matûrité rejetteront sur les erreurs de quelques individus, le blâme de tout systéme opposé à la reconnaissance que les Colonies, doivent à la mère patrie, qui les défend et les protège ; mais les colons peuvent convenir que quelquefois leurs prétentions étaient repréhensibles.

Les malheurs de la révolution ont trop vengé les torts des gouvernans et ceux des gouvernés. A Dieu ne plaise que nous en rappellions l'idée avec une autre intention, que celle de ramener des vœux et des projets nouveaux, vers une reconstruction exempte des défauts qu'on pouvait reconnaître à l'ancien édifice.

Le nouveau doit avoir pour fondement comme pour appui, d'excellens administrateurs, des juges éclairés et intègres, des comptables fidèles ; tel sera le refrein de tous les gens de bien.

Si ces choix sont heureux et constamment tels, si les grands propriétaires et les négocians distingués, faisant ou ayant fait le commerce, peuvent être convenablement placés dans des conseils consultatifs, destinés à éclairer les administrateurs et le ministère, par des opinions dont la franchise ne puisse leur inspirer aucune crainte personnelle, reposons-nous avec confiance sur le tems qui marche dans ces contrées, d'un pied plus léger que dans nos climats, pour le prompt retour et la durée du bonheur que nous appellons sur elles.

Ces pivots posés, nous verrons une police convenable aux localités, des habitans industrieux cherchant de nouveaux et plus ingénieux procédés, des moyens plus actifs et plus économiques pour l'agriculture, des commerçants délicats, des gérans fidèles; les intentions paternelles du Gouvernement seront remplies.

C'est à la faveur, souvent arrachée par l'importunité et l'intrigue, que sont dûs beaucoup de malheurs : elle a fait parmi nous perdre autrefois bien des batailles, elle a désolé quelquefois dans les isles françaises comme dans les Colonies Anglaises les malheureux habitans. Nous entendons depuis longtems les anglais se plaindre des abus du pouvoir dans l'Inde ; en voici à de plus briéves distances, s'il faut croire aux accusations lancées sur ce gouverneur de l'isle Trinité, qui se trouve en jugement à Londres.

Quelle honte pour une nation que les délits de ceux qui la représentent au-dehors ! Quel sujet de consternation pour des colons qui attendent avec confiance que celui qui parle au nom du monarque, justifiera, en tous points, l'honneur d'un si glorieux titre ! On se souvenait encore à Saint Domingue des abus d'autorité d'un Gouverneur qui y commandait, après la paix de 1763, de quelques ordonnances bisarres de celui qui lui succéda, sans parler des époques antérieures qui offraient un vaste champ à la critique sur l'administration extérieure et intérieure des Colonies.

Aux yeux de quelques ambitieux, il semble que ce ne sont pas des compatriotes qu'on va trouver dans ces contrées, que les vexations dont on s'y rendrait coupable, ne seraient pas aussi criminelles que celles qu'on exercerait parmi nous. Aux yeux des hommes qui ne sont ni stupides ni méchans, il n'y a pourtant, sur ce point, aucune différence à faire entre nos colonies et les autres départemens.

Elles attendent, elles obtiendront dans toutes les parties de l'administration, le même ordre, la même régularité qui régneront en France; mais comme nous l'avons dit, un régime plus simple, à cause de leur nature presqu'uniquement agricole, et plus de ménagemens à raison de leurs malheurs, des dangers auxquelles elles sont exposées, de leur destination et de leur influence sur la prospérité publique.

Saint Domingue est la plus étendue de nos isles, mais il y avait, il y aura moins de blancs que dans une des grandes villes de France; les propriétés étant moins divisées dans les colonies, les recensemens, la comptabilité deviennent plus faciles, la police plus simple, les affaires bien moins nombreuses, et moins compliquées.

On

On n'y a besoin que de très-peu d'employés et d'hommes de loi.

Un code, combiné avec les localités, abrégera les formes, en les simplifiant. Des dettes courantes, des partages de successions, quelques contestations sur les eaux, la répartition de l'impôt qui doit, s'il en existe, être très-simplifié, tels sont les principaux alimens des tribunaux administratifs et judiciaires.

Nous ne ferons qu'effleurer la discussion sur cet article de l'impôt. Plusieurs publicistes l'ont regardé comme très-impolitique; mais il faut indiquer au-moins les principaux motifs sur lesquels cette opinion est fondée.

CHAPITRE X.

Briéves observations sur l'impôt dans les Colonies.

L'IMPOT dans les colonies le plus important, est celui qui se prélevait sur les denrées coloniales à leur embarquement pour nos ports. Ce droit s'appellait d'octroi, elles en payaient un autre, à leur arrivée, qu'on nommait d'occident

Sans nous livrer à une controverse qui n'est pas dans notre plan, il nous parait que ce droit pèse sur le propriétaire de terres. Celui qui achète des denrées en gros met tout de suite, en ligne de compte, le supplément qu'il va payer; il le calcule dans le prix qu'il offre à l'agriculteur.

Cet impôt devrait, ce semble, être l'unique : doit-on exiger de ceux qu'on appèle dans les colonies pour qu'ils les fertilisent, d'autre tribut que le fruit d'une industrie destinée à l'avantage de la métropole ? Est-il prudent de gréver des mutations qui font présumer une accroissement de culture ?

L'impôt sur des maisons exposées à Saint Domingue aux tremblemens de terre, comme à l'incendie ; et dans les isles du vent à des ouragans qui souvent les renversent, ne sont pas des propriétés assez solides pour comporter d'autres charges que celles de leur entretien et de leur reconstruction.

Tous les objets manufacturés venant d'Europe, ainsi que ceux de consommation, en ont déjà supporté, avant leur embarquement ; et les denrées coloniales, à leur arrivée, payent encore des droits que l'armateur calcule dans le prix d'achat, ou que le propriétaire acquitte, s'il expédie, pour son compte, dans les ports de France.

Enfin, l'impôt qui tient lieu de tout ; c'est l'obligation sévère de ne traiter qu'avec la métropole ou ses navigateurs.

CHAPITRE XI.

Erreur du systême qui voulait perpétuer les dettes des Colons. Nécessité des lois qui protègent les créanciers.

On a souvent répété qu'il convenait que les propriétaires fussent toujours débiteurs au commerce, et en quelque sorte sous sa dépendance. Ce systême nous paraît condamnable ; il entraîne avec lui des conséquences plus fâcheuses que ne serait avantageux le calcul qui le ferait adopter, ne fût-ce que celle de tenir en opposition menaçante les colons et les commerçans.

Tout négociant, comme tout capitaliste, doit désirer de retirer à des époques, à-peu-près certaines, le capital qu'il avance ou l'intérêt de ce capital.

Tout propriétaire ne peut prétendre à à une augmentation de fortune, qu'en n'achetant pas trop chèrement le crédit dont il a besoin.

Qu'importe à l'état, au commerce considérée en grand, que tels ou tels individus fassent de plus grands profits, en fournissant, à plus haut prix, aux besoins des propriétaires, qui leur livrent exclusivement leurs récoltes. Les avantages que les agriculteurs devaient obtenir de leurs travaux aulieu de faire à la fois leur bien-être et celui d'un grand nombre de commerçans qui auraient concouru à leurs transactions, deviendraient le domaine du petit nombre de maisons qui s'en seraient emparé. Quelques négocians semblables ressembleraient aux compagnies avec privilége. L'indolence ou l'inertie des propriétaires seraient favorisées, et il y aurait moins d'alimens à la concurrence. Ce qu'il y a de véritablement désirable c'est que les terres produisent le plus possible, et que ces productions arrivent toutes dans la métropole. Il importe peu qu'on sache si les colons ou les commerçans sont plus ou moins favorisés dans leurs transactions; il suffit que ce soyent des français, et que l'agriculture comme le commerce ne perdent rien de leur activité. Ce n'est pas parmi des concitoyens qu'il devrait se trouver des spéculateurs qui fondent leurs calculs sur la détresse ; et les lois ne peuvent se prêter à l'infidélité des engagemens, à l'oppression injuste du débiteur ou du créancier. Sans doute le Gouvernement a dû désirer, lors de l'établissement des Colonies, que le cultivateur ne fut pas trop inquiété, que sa propriété ou ses récoltes naissantes ne fussent pas saisies, mais ces ménagemens doivent avoir un terme; en se prolongeant, ils prêtent trop à la mauvaise foi ou à l'insouciance ; ils nuisent même au crédit qui ne s'étend que lorsque la loi le protège ; le propriétaire de terres laborieux et sage applaudira lui-même à une sévérité nécessaire, qui lui assurera plus de confiance, et qui ne l'exclura pas des droits évidens que peuvent réclamer des évènemens imprévus et extraordinaires. L'usage et même l'autorité pourront, dans des circonstances impérieuses, être invoqués avec succès pour des délais, qui ne compromettront point la sûreté du prêteur, mais après lesquels la rigueur sera justice.

En parlant de rigueur, nous n'examinerons pas la question de la saisie des nègres, qu'on a jusqu'ici considérés dans les habitations comme immeubles, ni de la contrainte par corps, qui peut produire quelque bien, mais qui dans beaucoup de cas entraîne les maux les plus désastreux. On a traité ailleurs cette question avec des dévellopemens qui rendraient ici des réflexions nouvelles très-superflues.

CHAPITRE XII.

Convenance d'un sursis et de réglemens d'état pour les créances de Saint Domingue.

On a vu par les arrêtés de 1803, que le Gouvernement avait senti la nécessité d'accorder un long sursis aux débiteurs dans les Colonies dévastées. Cette mesure était aussi sage qu'équitable. Elle eût, peut-être, été compatible avec quelques legères rétributions, en faveur des rentes en viager et quelques exceptions à l'égard des cédans de propriétés, sur lesquelles l'acheteur n'aurait payé qu'une faible partie du prix. Le cessionnaire hors d'état de se libérer, même après un grand nombre d'années, aurait pu désirer de restituer une propriété onéreuse, et le cédant, préférer de la reprendre au lieu de conserver un titre, peut-être, illusoire. Le Gouvernement après avoir été éclairé sur cette question essentielle, expliquera ses intentions. Son premier besoin était au moment de la paix, de rassurer les malheureux colons qui pouvaient craindre d'avoir à ajouter à leurs cruelles pertes, la douleur des poursuites judiciaires, et de ne pas effrayer les nouveaux prêteurs qui eussent été en concurrence avec des créances antérieures. Ce ne peut être, on le sent bien, d'après les lois ordinaires, ni même par la seule opération du tems, qu'une catastrophe aussi horrible que celle d'un bouleversement général, peut être réparée. Il faut des réglemens d'état qui se rapprochent de l'équité naturelle. Si les hommes qui en ont de fausses notions ne veulent voir que cette maxime : *Res perit domino*, le débiteur leur en opposera une non moins connue et bien touchante dans sa bouche, *summun jus summa injuria.* (1)

(1) Mon opinion à ce sujet, est d'autant plus franche, qu'il m'est dû à Saint Domingue, en diverses créances, portant hypothèque sur fonds de terre, plus de six cens mille francs.

Désirons que le Gouvernement puisse bientôt mettre à profit les discussions qui s'élèvent, et que sa décision fasse taire toutes les prétentions injustes et toutes les inquiétudes. Il suffit en ce moment de les signaler à ceux qu'elles intéressent de si près.

Mais il faudra passer par bien des épreuves avant d'arriver à ce mieux, cherché de bonne foi par les hommes de bien, et toujours détourné par l'intérêt particulier. L'administration sera-t-elle bien éclairée par les rapports qu'elle attendra, peut-être, de Saint Domingue même ? Les Colonies semblent être destinées à devenir le théâtre de la plus active cupidité. L'exemple des tems de désordre effraye. C'est de l'or que voudraient y trouver, en abordant, ceux qui ne sont animés que par cette passion. Autant est permise l'ambition des particuliers qui espèrent de trouver, à travers les dangers de la mer et d'un climat nouveau, un chemin plus brief pour arriver à la fortune, à cause de la fécondité du sol et d'une moindre concurrence dans les talens, autant est vil ce sentiment, dans un homme public, lorsqu'il ne le place pas essentiellement dans l'observation de ses devoirs, qui n'excluent pas les moyens honorables de prendre part aux ressources du pays où il est appellé.

Je me rappelle un officier de marine, retiré du service, qui employa quarante-mille francs dans une habitation à Jérémie, qu'il revendit, pour quatre cens mille, six ans après. Certes, c'est sans doute, une belle industrie que celle qui fait décupler sa mise en si peu d'années, dans une opération d'agriculture! On pourrait faire de nombreuses citations de succès plus considérables avec plus de fonds, de tems et de hardiesse; celle-ci m'a paru saillante; elle prouve la facilité avec laquelle un homme sage et industrieux peut espérer de trouver dans les Colonies, des moyens de fortune. Une place n'empêche pas de faire des entreprises par l'intermédiaire d'un associé ou d'un agent. Elle dévance le crédit, elle peut conduire aussi à un mariage avantageux ; au reste, dans quelqu'état qu'on soit placé, la modération dans les désirs et l'exercice constant des devoirs du galant homme, promettent des jouissances plus certaines et plus douces qu'une conduite opposée ; si le germe de ces vertus voulait s'échapper des cœurs ambitieux, ils devraient, pour leur propre intérêt, faire des efforts pour l'y retenir.

Qu'on nous pardonne de nous arrêter si long-tems sur la nécessité généralement sentie des bons choix ; mais c'est que tout est là, le bonheur des colons, l'intérêt de la métropole, que hors de là, on n'entrevoit que langueur et désolation.

CHAPITRE XIII.

Police intérieure à l'égard des blancs dans les villes et bourgs des colonies, et sur l'industrie qu'on y exerce.

L'ESPRIT de licence se propage plus facilement dans les Colonies qu'en France ; on a besoin d'y maintenir une police plus sévère, même parmi les blancs. On l'avait parfaitement senti vers les derniers tems qui ont précédé la révolution : les chefs avaient adopté des mesures fortes contre les provocations répétées de duel; ils renvoyaient en France ceux qu'on nommait *mauvaises têtes*. On voyait souvent des propriétaires et des négocians appellés au combat par un économe ou un commis de qui les services ne convenaient plus, ou qui se trouvait irrité par un commandement, suivant lui, trop sévère. L'égalité en droits parmi les blancs sera sans doute respectée dans les Colonies, comme en France; mais les loix doivent y réprimer ces élans de l'orgueil qui s'y exalte trop vivement.

L'homme qui paye et celui qui est payé doivent avoir le même droit devant les tribunaux, mais ce n'est qu'en leur absence qu'il est permis de se faire justice soi-même.

On voit dans les isles des économes d'habitation et des commis bien nés, bien élevés; et c'est une conduite blâmable de la part de ceux qui se prévalent des avantages de la fortune pour leur montrer de la hauteur ou du mépris : mais d'autre part, c'est une exaltation répréhensible que celle de provoquer celui dont on reçoit un salaire, au lieu de le quitter ou de s'en plaindre, s'il s'est permis des propos injurieux ou des traitemens avilissans.

La force morale, si nécessaire dans les Colonies, où la disproportion entre les blancs et les noirs est si énorme, se compose de divers élemens, dont ce que nous venons d'observer fait une partie essentielle. Un blanc ne peut y être avili, sans que le noir qui en est témoin, ne perde du respect qu'il doit à tous les blancs ; aussi voit-on dans les villes, où les hommes d'un état très-inférieur abondent, un relâchement sensible dans l'esprit de ces noirs auxquels ces blancs montrent de près leurs vices et leurs bassesses. La police des villes mérite à cet égard une attention particulière : on devrait y diminuer, autant que possible, le nombre des négres et des mulâtres. L'état de domesticité leur appartient exclusivement, mais il serait à désirer qu'il y eut moins de valets et point d'oisifs. Sans mettre des entraves à l'industrie, on ne saurait se plaindre des réglemens favorables aux blancs qui veulent travailler de leurs mains. Les agriculteurs sont obligés de former leurs esclaves aux opérations nécessaires à l'exploitation de leurs biens ; il faut dans une sucrerie des charpentiers, des maçons, des tonneliers, des charrons ;

mais dans les villes, les blancs peuvent aussi exercer ces différens métiers. Il faudrait donc, sans priver les gens libres de couleur des moyens de travail, chercher comment on pourrait augmenter le nombre des ouvriers blancs, et distraire moins de nègres des cultures; puisque c'est leurs bras seuls que le climat permet d'employer.

La politique est ici d'accord avec ce qu'on appelle l'humanité, pour en diminuer le nombre dans tout ce que des européens peuvent faire, sans excéder leurs forces, sans braver l'influence d'un soleil trop ardent, et qui l'est encore davantage dans les lieux où l'on va chercher les nègres.

CHAPITRE XIV.

Réflexions sur l'étendue des propriétés, la concession des terres, la divisibilité des patrimoines.

NOUS avons vu dans des réglemens faits en 1803, à Saint Domingue, une mesure fort sage, relativement à l'étendue des propriétés. On avait senti, qu'elles ne devaient pas être assimillées à celles d'Europe, qu'elles ne comportaient pas l'exiguité de celles de la France.

Ces réflexions conduisent à examiner tout ce qui a été publié sur l'inconvénient pour les Colonies, de la divisibilité des patrimoines et le droit de succession. Cette matière est trop délicate pour se permettre d'exprimer une opinion tranchante, ce qui tient à une partie aussi grave de la législation, exige le concours de beaucoup de lumières. Le Gouvernement ne s'explique pas encore sur ce point, pour les isles conservées, parce que la constitution des Colonies, sera probablement uniforme; et qu'il a besoin, sans doute, d'en mûrir encore les articles fondamentaux; ce qu'on peut dire en ce moment, c'est qu'il était trop fréquent de voir naître des dissentions de famille à la mort des grands propriétaires.

Il existe sur ce point, des réflexions lumineuses dans l'histoire des deux Indes; on sait que l'auteur s'était procuré des mémoires écrits par des administrateurs éclairés ou des hommes très-instruits. Les bureaux de la marine en renferment probablement de plus récens. Ces opinions doivent avoir un grand poids dans les discussions nouvelles.

On concevra aisément, par exemple, l'inconvénient de diviser une habitation établie en sucrerie, qui peut, par son importance, supporter les frais des bâtimens multipliés qui lui sont nécessaires, la dépense considérable d'un aqueduc, d'un moulin à eau, si précieux pour suppléer aux bras et aux mulets. Divisée entre trois ou quatre cohéritiers, cette grande manufacture ne saurait être remplacée par plusieurs de moindre étendue. Ces petits propriétaires n'auraient ni assez de moyens ni assez de crédit, pour retrouver ce qui servait à la grande propriété commune. La première réponse à l'objection est celle d'un moyen simple de partage, c'est-à-dire la vente. Mais cette ressource si fréquente, si facile parmi nous, devient presqu'impossible dans les Colonies ; on y trouve très-peu d'acquéreurs qui puissent payer une valeur de 500 mille francs, et il y a beaucoup d'habitations d'une valeur double, quelquefois triple, même quadruple. En supposant le terme moyen d'un million, on peut être certain qu'il ne se trouvera point d'acquéreur, si ce n'est à crédit, ce qui rend les liquidations ruineuses ou interminables.

Le partage en nature a d'autres inconvéniens graves, que le Gouvernement lui-même a intérêt de prévenir. L'un des plus frappans est celui de voir séparer les nègres qui composent les attelliers, de leur faire perdre les habitudes et les affections qu'il importe de concentrer dans le même local; car, qu'on ne s'y trompe pas, les nègres y tiennent dans nos isles, comme les autres hommes, quand ils y sont nés ou qu'ils sont depuis quelques années attachés au même sol; c'est à ces affections, à ces habitudes que nous devrons, plus facilement qu'on ne pense généralement, leur retour dans les attelliers respectifs. Il se croyent aussi bien dépaysés en passant d'un quartier à l'autre, que croiraient l'être nos familles de laboureur en quittant Fontainebleau pour aller habiter Orléans; on pourrait en indiquant de moindres distances, faire appercevoir les mêmes inconvéniens. C'est sur-tout pour les femmes et les vieillards, que ces séparations sont cruelles; et les hommes dans la fleur ou la matûrité de l'âge, ne sont-ils pas entraînés vers leur mère ou leur femme, vers les lieux où ils sont habitués à vivre ! Cela est si vrai que, quelque soient les rapports parvenus en France, il est constaté que dans la généralité des habitations dévastées, le plus grand nombre des nègres des atteliers, se retrouvaient dans les mêmes lieux, lorsque les chefs de brigandages, s'éloignaient du théâtre de leur dévastation. Sans doute un grand nombre de nègres et de mulâtres, libres ou esclaves, déjà coupables de grands crimes, demeureront armés, s'ils le peuvent, et loin de leurs foyers ; mais qu'on se le persuade bien, ce sera sur la population existante, une faible minorité ; elle deviendrait plus insensible, si quelques chefs de ces barbares tombaient dans nos mains ou sous le fer de ceux qui seront destinés, si la raison ne les ramène, à combattre les révoltés, à les poursuivre sans en mesurer le nombre, qui n'a jamais effrayé des officiers, qu'on nomme avec reconnaissance, et des colons qui combattront *pro aere et focis*.

Qu'on éloigne donc ces idées exagérées autant qu'effrayantes, qu'il faut faire un sang nouveau de cette population noire. Ah ! ce langage ne sera jamais celui des colons à qui leurs esclaves ont montré de l'attachement, en les suivant de leur plein gré, dans les isles voisines ou sur le continent Américain, de ceux qui ont vû en retournant dans leurs foyers, des bandes de nègres tomber à leurs pieds, (1)

---

(1) Pour ne citer que des faits dont j'ai la preuve, je parlerai encore de mes parens. L'un de mes beaux frères, M. Bérard-Lester, se rendit à Saint Domingue, avec le général Hédouville. Nos biens étant situés à l'Artibonite, c'est-à-dire à 30 lieues du Cap, où il aborda, il ne voulut s'y rendre qu'après avoir jugé l'état de la Colonie. Nos nègres en apprenant son arrivée, lui envoyèrent une députation, et pour la rendre plus touchante, ils y joignirent sa nourrice; il partit, et ses lettres nous apprirent sa joie, en voyant le contentement des nègres et leur docilité. A l'arrivée de nos troupes, le monstre qui commande aujourd'hui, fit arrêter

appeller par leurs vœux le retour de leur ancien bonheur...... Que cette expression paraîtra ridicule aux esprits prévenus, s'il en reste encore! Et comment nommeront ceux qui les ont entendus, ces chants de gaieté au milieu des travaux, répetés presque par-tout, cette coquetterie des jeunes nègresses et de leurs amans dans les jours de fête, sur les grands chemins, dans les marchés où ils se rassemblent, ces danses pleines de mélodie et de volupté champêtres, ce teint animé, ces vêtemens de belle toile? Retrouve-t-on ces marques d'aisance et de satisfaction dans toutes nos campagnes? Quel est celui qui n'a pas senti ses yeux humides, en voyant

---

tous les blancs qui étaient à Saint Marc. Mon malheureux beau-frère, fut du nombre. Un de ses nègres voulut le sauver. Ah! dit-il, si je fuis, mes compagnons vont être égorgés..... L'infortuné ne sauva ni eux ni lui par ce noble dévoûement.

Ces citations prouvent évidemment de quelle influence a été et sera toujours pour les nègres, la présence des grands propriétaires; le nom seul est souvent un prestige bien précieux.

dans nos contrées infertiles et même dans quelques autres, cette marche lente et triste de nos laboureurs, ces visages hâves, ces nourrissons languissans. On ne voit pas dans nos isles de pareils tableaux. Si ces infortunés voyaient ces esclaves qu'on leur dépeints comme chargés de chaînes, qui n'existent que dans l'imagination, puisque hors les heures de travail, les nègres vont où il leur plait; ils diraient, sans doute: ces hommes peuvent connaître le bonheur qui nous fuit; notre salaire est insuffisant à nos besoins, ou bien la terre ne répond pas à nos labeurs.

CHAPITRE XV.

Réflexions sur l'entière possession de l'isle Saint Domingue, et sur les terres de la partie nommée Espagnole.

Si toute la partie que possédaient les Espagnols à Saint Domingue, c'est-à-dire, les trois cinquièmes environ, est constamment jugée plus utile dans nos mains que dans les leurs, le Gouvernement aura beaucoup de terres à concéder encore. Les concessions étaient, autrefois, de cent carreaux, valant dix mille pas quarrés. C'est une étendue considérable. Elle le serait trop pour des terres en plaine, vers les bords de la mer; on pourrait borner celles-ci entre 50 et 75 carreaux. Une habitation de cette étendue peut produire dans les bons terreins, 150 à 200 milliers de sucre brut ou 3 à 4,000 livres d'indigo, en conservant ce qui est nécessaire à la nourriture des bestiaux, aux vivres et à l'emplacement des bâtimens. C'est là, sans doute, une assez belle propriété ; et d'ailleurs, tous les hommes laborieux ont droit aux faveurs du Gouvernement; mais ces concessions devront être accordées avec beaucoup de mesure, par diverses considérations.

L'ancienne administration a dû désirer une plus grande étendue de terrein dans l'isle Saint Domingue et des limites plus convenablement tracées que celles qui le furent par messieurs de Vallière et Solano, commissaires nommés par les deux Souverains, pour cette opération. On a même reproché avec amertume la faiblesse de M. de Vallière, on prétendait que les titres de la France avaient été méconnus, et que le commissaire espagnol avait été plus adroit. Quoiqu'il en soit, on peut présumer que la question de savoir si la France devait négocier avec l'Espagne la cession de ce qui lui appartenait à Saint Domingue, avait souvent été agitée dans les conseils du monarque français. L'Espagne, dont l'ambition pouvait être grandement satisfaite par ses immenses possessions dans le nouveau monde, n'aurait peut-être pas attaché un trop grand prix à un pays qui lui était devenu plus à charge qu'utile, puisqu'il n'était pas exploité avantageusement. Cette opinion étant palpable, il faut penser que la France ne regrettait pas le partage, d'après une politique dont la justification est facilement saisie.

La crainte la plus sérieuse qui put agiter le Gouvernement français sur ses possessions lointaines, était celle d'une guerre malheureuse avec l'Angleterre. Les liens d'intérêt qui unissaient qui uniront toujours la France et l'Espagne, ne peuvent pas faire supposer la possibilité d'une guerre sérieuse entr'elles. Cela posé il convenait peut-être aux deux monarques, et à celui sur-tout qui y avait le plus grand intérêt, de se garantir mutuellement une possession si étendue contre les dangers extérieurs,

Il devait paraître avantageux au Gouvernement français de pouvoir contenir plus facilement les nègres dans une étendue moins vaste et déjà si considérable. Les conventions mutuelles établissaient la saisie et le renvoi dans les pays respectifs, des esclaves qui en auraient franchi les bornes, moyennant une prime déterminée. Le langage des Espagnols, leurs mœurs, leur caractère servaient parfaitement la France sur ce point. Nos nègres fugitifs se trouvaient naturellement repoussés ; ils étaient d'ailleurs peu tentés de cet asyle. D'un autre côté, l'industrie et l'activité françaises étant difficilement contenues, les réglemens qui soumettaient ceux qui obtenaient des concessions, à la charge d'établir, ce qu'on nomme des hattes, c'est à dire des terreins destinés à la propagation des bestiaux, étaient presque toujours enfreints. L'ambition de cultiver des denrées l'emportait sur celle d'être simplement berger ; aussi trouvait-on fort commode d'en avoir de très-voisins, qui bornant là leur industrie, venaient vendre leurs troupeaux de bœufs et les chevaux qu'ils élevaient. Tout était dans cet échange agréable aux français. Les espagnols achetaient avec le prix de leurs bestiaux les objets manufacturés dont ils avaient besoin, et souvent même ils donnaient un complément en argent.

Ne pouvant prévoir ce que ces réflexions, familières depuis long-tems dans les bureaux de la marine et des Colonies, produiront sur l'esprit du Gouvernement, on doit raisonner dans l'hypothèse de la conservation entière de l'isle Saint Domingue.

Sans doute, on respectera scrupuleusement les propriétés particulières des Espagnols, et tant que les possesseurs actuels existeront, il est peu probable qu'ils abandonnent leurs prairies ou qu'ils les vendent à des colons plus actifs; mais après eux viendront des successeurs qui prendront nos goûts, qui seront séduits par les avantages et le tableau de notre industrie. Il convient donc d'appercevoir de loin ces ressources précieuses, indispensables même, de bestiaux pour la fourniture desquels il serait aussi impolitique que dangereux, de se fier aux étrangers.

Dans ce qu'on nommait la partie française, il n'y a presque plus de terrein à concéder, que ce que le tems enlève au domaine des eaux. La mer se reculant, laisse dans beaucoup d'endroits de vastes plages que notre industrie fertilisait, hors ce qu'on appellait les *Cent pas du Roi*, toujours réservés au Gouvernement; ces propriétés étaient même les plus précieuses, à cause des avantages que procure le voisinage de la mer ou des embarcadaires.

Dans la partie nommée espagnole, il y a autant de terrein en plaine, et peut-être davantage, que dans la partie française. Ce serait être trop confiant que de réserver les montagnes, seulement, de cette partie de l'isle, pour l'éducation des troupeaux qui se plaisent, d'ailleurs, beaucoup mieux dans les plaines.

Le pays pacifié, la discipline rétablie il faut espérer qu'on ne reverra plus d'insurrections et de révoltes, mais la prudence ne permet pas de les regarder comme impossibles ; il faut donc ne pas trop éloigner des villes et des lieux où l'on peut camper, les terreins propres à la nourriture des bestiaux, et les haras qui peuvent fournir l'isle de chevaux et sur-tout de mulets. Il faudrait même, ce qu'on ne peut présumer, que ceux-ci pussent naître en assez grand nombre, pour nous passer à l'avenir, de ceux que les Espagnols amènent de la côte ferme, seule ressource qu'à eu jusqu'ici Saint Domingue, pour cet important besoin. Nous avons déjà fait remarquer qu'il en faut une énorme quantité. Les chevaux et les bœufs, ne sauraient les remplacer pour les travaux rudes d'exploitation et de transport.

C'est donc pour l'utilité commune, que le Gouvernement doit être sevère dans la distribution des terres et même leur emploi. C'est pour elle qu'il devra, sur-tout, retenir ses libéralités, quelque murmure que fassent entendre ceux qui seront refusés, et les gens en grand crédit, qui dans d'autres pays, obtiennent des faveurs qui feraient la fortune de cent familles. Sans porter atteinte à la propriété, l'industrie peut recevoir des mesures et des limites que les besoins publics commandent. Les colons, en général, applaudiront à une police qui concentrera dans l'isle, les objets des besoins les plus pressans, que la nature du sol permet d'y trouver. C'est pendant l'abondance qu'il faut songer à la disette, comme pendant la paix on prévoit la possibilité de la guerre. C'est dans une isle, sur-tout, qu'on doit être plus prévoyant et moins confiant dans les ressources externes.

En réfléchissant sur la quantité de propriétés qu'il faudra rétablir dans la partie française, au bas prix où tomberont les terres que les possesseurs actuels ne pourront exploiter, on apperçoit que le tems où l'on devra songer à une extension de culture,

culture, est encore bien loin de nous; mais en formant des établissemens de commerce, sur les bords de la mer, on devra exciter l'ambition de ceux qui s'y rassembleront, et le plus sûr moyen, c'est de laisser entrevoir à ces courageux colons la double ressource de l'industrie et de l'agriculture.

La ville du Port-au-Prince était comme point plus central, réputée la capitale de l'isle, quoique moins considérable que celle du Cap. C'est là que demeuraient habituellement le général et l'intendant, qu'étaient placés les magasins, les casernes, les principales administrations et le tribunal supérieur. C'était le point intermédiaire entre le Cap et les Cayes, qui sont avec le Port-au-Prince, les trois villes principales, et les chefs-lieux de ce qu'on nommait dans la partie française, les provinces du Nord, de l'Ouest et du Sud. La possession entière de l'isle change nécessairement ce centre, mais cette situation offre encore trop d'avantages pour qu'on doive songer promptement à une autre capitale. Elle a, sans doute, plusieurs désavantages, et le plus frappant, est celui de son voisinage de ce qu'on appelle le *Gouffre*, d'où s'annoncent par un bruit sourd et lugubre, les tremblemens de terre. Le Port-au-Prince et ses environs, ont le plus souffert de celui de 1770, qui renversa toutes les maisons, qui ouvrit d'énormes crévasses dans la plaine du cul-de-sac, qui l'avoisine; mais cette belle plaine, celle de Léogane à sa gauche, celles du Boucassin, l'Arcahaye et les Vases, à sa droite, les belles eaux de sources vives que les travaux de 1788 y avaient amené, la rivière qui serpente dans la plaine, ses hauteurs, où l'on recueille avec facilité d'excellens légumes, et où l'on respire un air aussi pur, que frais, son port et sa rade parfaitement sûrs et vastes, sont des avantages d'un grand prix. Ils compensent les défectuosités dont on peut se plaindre et qu'on a, quelquefois, dépeints avec des couleurs si sombres, qu'on aurait accusé de folie l'ancienne administration, si elle n'avait pas trouvé d'aussi précieux motifs à opposer à tant de critiques. On ne peut pas dire de cette ville, comme de celle de Jérusalem, qu'elle ne pût être réédifiée ; plus de 500 maisons y furent reconstruites en bois, dans l'année qui suivit celle du désastre. On en a élevé, depuis, de très-belles, entourées de galeries, toujours en bois, mais montées d'un étage.

Depuis 1770, on n'y a ressenti que de légères secousses. Il y avait eu en 1750, un autre tremblement de terre très-violent. En 1692, la Jamaïque vit disparaître une partie de sa ville Port-Royal. Ces explosions garantissent-elles ces isles pour l'avenir? La nature ne permet pas aux hommes, la connaissance de ces grands secrets.

Les Gonaïves et la ville de Saint Marc, où l'on respire un air très-pur, se rapprocheraient aujourd'hui davantage du centre. La rade de Saint Marc est agitée et peu sûre ; mais cette ville touche à l'immense plaine de l'Artibonite, et peut être très-commerçante. Le tremblement de terre de 1770, y causa plusieurs ravages ; mais bien moins considérables qu'au Port-au-Prince, d'où elle est éloignée d'environ 25 lieues. Le siège du Gouvernement ne peut s'éloigner des mouvemens du commerce et de l'abord des vaisseaux, car s'il fallait le placer au véritable centre, ce serait dans l'intérieur de l'isle, et non sur ses bords qu'on devrait le fixer ; mais de quel avantage serait ce point central, puisque le capitaine-général, peut se porter par-tout, si les malheurs de la Colonie, font regarder comme nécessaire, l'établissement de différens postes militaires, qu'il ne pourrait habiter en même tems ? Le môle Saint Nicolas, offre tous les avantages qu'on peut désirer pour la défense et la sûreté des vaisseaux, que son immense baye, sa rade et son port peuvent contenir, mais l'abord, par terre, en est difficile, et aucun terrein fertile ne l'entoure. C'est le point militaire de la Colonie, le plus intéressant pour la marine. Non loin du môle, se trouve une petite ville, nommée Bombardapolis, qui n'étant pas dominée, est regardée comme un excellent poste militaire, pour la défense intérieure.

Au reste, tous les raisonnemens qu'on fait sur la capitale de l'isle, sont prématurés. Ils sont du nombre de ceux qu'on peut reserver pour le tems où la paix et nos premiers succès, à Saint Domingue, permettront de les rendre intéressans. Néanmoins rien n'est trop précoce pour l'examen et la discussion. Pour peu qu'on y réfléchisse, on s'appercevra que les plus simples indications renfermées dans cet écrit, exigent la plus sévère attention et beaucoup de maturité dans la décision.

CHAPITRE XVI.

Moyens d'améliorer les cultures, les machines et les instrumens qui y ont rapport.

On lit avec beaucoup d'intérêt tous les moyens de perfectionner les cultures, les instrumens aratoires et les différentes machines propres à l'exploitation, comme à la fabrication, dans l'ouvrage de M. Barré-Saint-Venant, qui a mis au jour les fruits d'une expérience de 35 ans de séjour à Saint Domingue ou dans d'autres isles.

Il y cite divers écrits déjà renommés qui ont répandu des lumières sur l'agriculture et le régime des Colonies. C'est de la réunion de tous ces tributs, offerts à la sollicitude et à l'instruction publiques, par le seul amour du bien, qu'on doit attendre des moyens plus faciles de rétablissement et d'amélioration. Plusieurs colons très-habiles dans l'art de la culture; de la fabrication du sucre et de l'indigo, ont porté leurs talens à Porto-Ricco, à la Trinité et à Cuba, cette brillante possession, dont le produit et la population noire ont triplé depuis quinze ans. De tout tems les persécutions qu'ont éprouvés les Français, ont tourné à l'avantage de l'industrie étrangère. Quoique cette réflexion soit affligeante, elle honore le génie français qui se montre par-tout. En ce moment, on le voit appellé à la Louisiane; cette ressource pour l'infortune est une consolation; mais peut-on, sans gémir, voir des Français féconder des terres étrangères, quand le sol de leur patrie pourrait, en les rendant heureux, profiter de leurs talens, de leur activité, et de leur expérience!

Dans l'ouvrage que nous venons de citer, l'auteur recommande avec beaucoup de zèle, l'établissement des charrues et des machines à feu, propres à suppléer les animaux et les bras dans le service des sucreries. Plusieurs propriétaires n'avaient pas goûté pleinement les essais de la charrue, que fit, il y a environ trente ans, M. Brun de-Condamine. Entr'autres objections que l'inhabilité des nègres et le défaut d'usage semblaient justifier, ses contradicteurs craignaient que les sels abondans que renferment les terres qui n'ont pas encore eu besoin d'engrais, ne fussent trop promptement dissipés, si les terres étaient trop fortement remuées; et l'on conçoit de quelle charge augmente la culture, le besoin de fumer de vastes terreins; mais je m'écarterais de mon plan, si j'entrais dans trop de détails sur des objets qui doivent être classés et traités avec de plus grands développemens, par ceux qui en ont fait une étude particulière. Les leçons de l'expérience, celles du malheur, les connaissances dont l'esprit humain s'enrichit chaque jour, concourront avec eux, à dévancer le terme d'une restauration, d'une amélioration que tant de vœux appellent.

Le sentiment qui m'occupe le plus et que j'ajoute au vœu unanime, est d'y intéresser, plus vivement encore, les personnes en place qui ont le droit et les moyens d'éclairer et d'instruire le Gouvernement. Puissent-elles être bien pénétrées qu'elles ne sauraient employer leur crédit et leurs lumières, à des objets plus dignes de la reconnaissance publique !

Ce que je me permettrais d'observer, si on ne l'a pas dit encore, sur les cultures et la salubrité de l'air, c'est qu'on n'a pas assez ménagé les bois, dont un trop grand abattis a éloigné les pluyes si nécessaires pour la végétation et la fraîcheur des plaines. On a trop négligé à Saint Domingue le cacaotier, qui n'exige presqu'aucun soin, dont la forme est belle et qui produit une graine très-nutritive. On sait que les troupes que commandait M. d'Estaing, dans l'Inde, furent heureuses de trouver abondamment des graines de *Salep* et de *Sagou*, qui renferment tant de sucs précieux dans la grosseur d'une noix, que quelques-unes suffisaient à la nourriture d'un homme, et qu'elles reparent promptement les forces, la poitrine et l'estomach. Celle du cacao est plus connue par l'usage très-nourrissant du chocolat et par l'huile que la pharmacie emploie. Elle a été infiniment utile dans les derniers malheurs de Saint Domingue, par la précaution qu'on avait eue, d'en ramasser beaucoup dans les magasins. La reconnaissance qu'on doit au cacaotier et sa double utilité, comme arbre et comme produit, devraient le faire regarder comme une des plantations les plus pressantes. Presque toutes les productions connues dans les deux Indes, ont été ou pourraient être introduites utilement dans nos Colonies. Un de mes anciens amis, M. Thiery-de-Menonville, botaniste très-estimé de MM. de Jussieu et d'Aubenton, avait cultivé, avec succès à Saint Domingue, le Nopal où se plait la Cochenille, le Jalap, la Vanille et d'autre plantes précieuses, dans un terrein particulier, que lui avait indiqué le Gouvernement. Il me disait, sans cesse, que ses courses dans les bois lui procuraient chaque jour les plus brillantes découvertes. Il n'en revenait jamais qu'en montrant, avec transport, les richesses dont la nature avait comblé cette isle. Elle a refusé le blé à nos isles d'Amérique, mais le riz y réussit très-bien dans les terreins frais ou arrosables. Le commerce de Bordeaux, fournit des farines : le continent américain peut suppléer Bordeaux au besoin. Le pain n'est, d'ailleurs, nécessaire qu'aux blancs; on ne peut le regarder comme indispensable avec tant d'autres ressources.

Le raisin muscat peut y être cultivé, même dans les plaines, mais il n'est regardé que comme un fruit d'agrément ; il est aussi bon qu'en France. La culture des denrées Coloniales étant beaucoup plus lucrative que la vigne, on ne s'occupera jamais d'en couvrir les terres qui y sont propres. La France fournit des vins avec abondance: le tafia se transforme en rum, qui suppléerait, au besoin, à la chaleur de cette boisson.

CHAPITRE XVII.

De l'Arrêt du 30 Août 1784, des Réglemens nouveaux qu'il exige ; Du terrage des sucres.

DANS une Colonie couverte de bois, à la vérité d'une qualité très-pesante, et où l'on trouve de la terre propre à la poterie, il était assez bisarre de voir arriver des ports de France et surtout de Nantes des briques, des carreaux, des pots et des formes de terre pour les sucreries, des merains qui servent pour les barriques de sucre et de café, et des pièces de bois de chêne toutes travaillées et numérotées, de manière qu'on n'avait plus qu'à les monter pour avoir une maison. Il en venait aussi du continent américain dans les ports ouverts, d'après l'arrêt du 30 août 1784, à ce commerce étranger qui rapportait du tafia et des syrops ou melasses que le commerce français ne voulait pas. Les américains exportaient aussi des animaux vivans, du riz, des farines, du poisson et des viandes salées, car il fallait bien les mettre à même d'échanger certaines de nos productions avec les leurs. Cet Arrêt de 1784 avait souffert de grands débats ; cependant il faut convenir qu'il était très-avantageux à la Colonie de vendre des tafias et des syrops, formant un revenu important, dont le transport ne convenait guères à la France, à cause du coulage et de ses eaux de-vie, et d'obtenir en échange des salaisons et des bois qui peuvent bien être fournis par la métropole, mais à beaucoup plus haut prix. L'Angleterre ne souffre point cette concurrence dans ses Colonies qui ne peuvent même terrer ou rafiner les sucres bruts. Elles s'attachent seulement à le faire plus parfait, c'est-à-dire à en extraire mieux les parties grossières. Au moyen de ces prohibitions, un plus grand nombre de navires et de matelots sont occupés ; la métropole met en activité plus de rafineries, et débouche une plus grande quantité de ses produits. Le commerce de France a reclamé avec beaucoup de chaleur les mêmes prohibitions, et les cultivateurs l'ont regardé comme l'ennemi de leur avantage. Rien n'est si fâcheux que ces débats. Le Gouvernement doit les prévenir par une volonté ferme qui soit le résultat des combinaisons que l'intérêt public, dans la balance du quel se trouvent les Colons comme les Européens, peut exiger. L'exemple des anglais n'est pas toujours à suivre, même dans les opérations de commerce dans lequel on croit qu'ils excellent. Chaque colonie et chaque métropole a ses traits particuliers : à Saint Domingue, il serait peut-être impolitique et trop sévère de condamner des agriculteurs dont les terres sont à une très-grande distance de la mer ou des embarcadaires, à ne faire que des sucres bruts dont la valeur ne pourrait supporter les frais trop considérables de transport. D'autres terres sont tellement aqueuses et grasses qu'elles ne produisent, quelqu'art que l'on employe, qu'un sucre qu'on ne peut rendre bien compact que par le terrage ; mais si cette mesure de le défendre dans certaines plaines, même dans toute leur étendue, est adoptée, il faudra bien s'y soumettre.

On a écrit pour et contre ce systême de terrage, mais je n'ai pas vu qu'on ait fait l'observation que je me suis permise, ni celle-ci, qui ne peut être indifférente, c'est que l'Italie ne demande que du café verd, et que l'odeur du sucre brut détériore beaucoup cette couleur dans la traversée, ce qui doit faire désirer qu'on prenne des moyens de la conserver dans les cargaisons de Marseille. Si la prohibition était absolue, il n'y en aurait pas d'autre, pour bien conserver cette couleur, que de faire toute la cargaison en café, cacao et coton, ce qui n'est pas impossible, mais peu usité et peu favorable, à cause du moindre poids dans le même volume. (1)

(1) Je n'apprends qu'en terminant cet écrit, la réunion de l'état de Gênes à la France ; c'est donc

Quoique ces reflexions ne soyent que transitoires et seulement rappellées, elles montrent, qu'avant de prendre une détermination si importante, on devra peser tous les inconvéniens et tous les avantages, dans une discussion plus étendue, lorsque le rétablissement de Saint Domingue sera envisagé comme prochain. Les isles du Vent font les mêmes observations, elles ont également demandé l'ou-

pour Gênes, et non pour l'interêt de Marseille, que cette remarque deviendrait utile, si ce port peut pourvoir, lui même, aux besoins de l'Italie, par les importations directes des Colonies et du Levant. Quant aux exportations, elle aura, comme Marseille des savons, des huiles, des chandelles, que cette ville fabriquait principalement avec des suifs de Toscane, des vins qu'elle extraira de son voisinage, et une infinité d'autres objets dont le détail serait ici superflu, sans parler des productions du Levant et des matières premières qui servent à la fabrication des objets propres à nos isles. Gênes devra à la France, une grande reconnaissance, si elle ajoute ce bienfait à celui de la paix avec les Barbaresques. Les faveurs que Marseille attend de sa Majesté, pour relever son commerce, deviennent, par cette concurrence, infiniment plus pressantes.

verture

verture de certains ports. Il est plus instant de s'occuper de cette prétention, fondée sur plusieurs motifs qui valent bien la peine d'être débattus. Le commerce est, en général, trop tranchant, et les Colonies aussi ; l'un dans le système d'exclusion, les autres dans leurs demandes ; mais comme les opinions contradictoires sont et seront mises de nouveau sous les yeux du Gouvernement, ce qui sera décidé, après de mûres réflexions, devra faire taire tout reproche et toute plainte mutuelle. Les colons étaient autrefois en grande faveur à la Cour : les personnes les plus élevées en dignité et possédant le plus de richesses avaient généralement de grandes propriétés dans nos isles. De très-riches et très-renommés négocians formaient avec les chambres de commerce le contrepoids dans la balance, mais les commerçans étaient persuadés qu'il était beaucoup plus faible. Ce désavantage, s'il existait, a disparu. Du faîte de l'opulence, les propriétaires de Saint Domingue, même les plus prévoyans sont tombés dans la médiocrité, et le plus grand nombre dans l'indigence. Quels titres plus respectables pour intéresser en leur faveur tous les hommes sensibles, honorés de la confiance du Souverain ! Les colons ne doivent cependant demander que justice : elle seule est durable : toutes les concessions de la faveur sont aussi fragiles qu'elle, et rien n'étant si dangereux pour l'État, comme pour les particuliers, que l'instabilité des lois et des réglemens, on ne saurait mettre trop de soin à éviter le besoin de les changer. On sent néanmoins que l'expérience et la pratique contrarient souvent ce qui avait paru sans réplique dans la théorie, et qu'il vaudrait mieux revenir d'une erreur que d'y persister par une sévérité trop austère si cette erreur était reconnue.

Dans le concours d'opinions des commerçans de France, on doit s'attendre à des différences sensibles. Bordeaux a des intérêts qui ne sont pas ceux de Marseille ; et de la même manière Nantes, le Hâvre, la Rochelle, Bayonne, Dunkerque et Saint Malo. Nantes et Bordeaux, tiendront le plus à l'intérêt des rafineries européennes, Nantes voudra favoriser l'exportation des objets de faible valeur, à cause de la grande capacité des navires que ce port emploie, dans un commerce principalement fondé sur le fret et la commission. Mais le plus pressant besoin de tous ces ports, c'est l'activité. Ces nuances d'intérêts ne seront apperçues, qu'au rétablissement du commerce des Colonies.

Quel tableau varié ces isles présentent pendant la paix ! C'est la France en miniature. Si tous les départemens n'ont pas de ports, tous peuvent participer à l'industrie maritime et aux ressources du nouveau monde. On y voyait des individus de chaque province. Pourquoi faut-il qu'une guerre injuste empêche une réunion si touchante et si animée ! Conseillers imprudens qui n'avez pas embrassé, avec transport, le rameau d'olivier offert par une main toujours triomphante, craignez que d'affreux remords ne vous tourmentent bientôt, et qu'une barbare opiniâtreté ne vous rende pour toujours odieux à votre propre patrie. La notre éprouve des privations, sans doute ; mais elle peut les supporter très-long-tems encore. La nature a comblé la France de tous les biens. Osez nous montrer les mêmes richesses et les moyens de conserver, avec une longue guerre, votre opulence factice !

CHAPITRE XVIII.

Notice sur l'isle de la Tortue et la Péninsule de Samana. Réflexions sur le commercè et les négocians.

On ne peut, en s'occupant de Saint Domingue, s'empêcher de parler des possessions qui en sont dépendantes par leur extrême voisinage. Telle est l'isle de la Tortue, qui a une étendue de huit lieues de long sur deux de large. Cette isle a été fort utile à nos troupes qui y respiraient un air plus pur, lors de la contagion qui a désolé l'expédition de 1802. Elle est couverte de bois : il n'y a point de rivières, mais on y trouve assez d'eau pour les besoins de ceux qui voudraient y former des établissemens, et une rade qui peut être facilement défendue. L'extraction des bois en est facile et précieuse pour la ville du Cap, dont les environs se trouvent défrichés par-tout. Le Port-au-Prince, Léogane et Saint Marc, sont également approvisionnés en ce genre, par l'isle de la Gonave, placée à peu de distance de ces trois villes. L'eau manquant à la Gonave, presqu'entièrement, cette petite isle n'est de quelqu'intérêt que pour les bois à brûler et de fardage, dont les navires ont besoin et pour les pêcheurs qui y trouvent un asyle; mais une possession qui peut devenir importante, c'est la superbe baye de Samana. Des officiers de marine en ont fait des descriptions très-intéressantes; ils assurent que les plus nombreuses escadres y trouveraient, par un attérage facile, un excellent mouillage et des ressources infinies pour la construction des vaisseaux.

Le sol de cette Peninsule, dont l'étendue est de cinq lieues de long sur seize de large, n'est pas très-bon; mais à ne le considérer que sous le point de vue d'une forêt abondante en beaux arbres et d'un asyle sûr pour nos escadres, on prévoit, d'après les renseignemens qui en sont parvenus, qu'un établissement à Samana peut offrir, dans l'avenir, des avantages semblables à ceux que l'Espagne trouve à la Havanne. On sait qu'on y construit des vaisseaux à trois ponts dont les bois sont bien autrement durables que ceux d'Europe, en y portant, peu-à-peu, les cordages, les voiles, le fer et le cuivre, nécessaires à leur confection. Il est heureux de trouver cette double ressource pour la marine, dans un autre hémisphère. L'art et le courage ont surmonté, en dernier lieu, tous les obstacles, jusqu'ici trouvés sans remède, pour l'extraction des bois qui croissent loin de la mer, dans les nombreuses forêts de la Corse. Des chemins jugés impraticables, ont été faits; des roues à tympan y font arriver vers les embarcadaires les plus belles et les plus grosses pièces, et on assure qu'il s'en trouve beaucoup de propres aux mâtures. Si cela est, la possession de la Corse, est inappréciable, et on n'est pas étonné des dépenses énormes qu'avaient faites les Anglais pour s'y établir et la conserver.

Espérons que le génie Français, doublant souvent ainsi les ressources, nos Colonies reparaîtront, avec lui, plus brillantes et plus fortunées à l'aide du courage et de la constance d'un peuple accoutumé, par de longs malheurs, aux privations et aux dangers, favorisé désormais par une administration pénétrée de cette grande vérité, que si l'agriculture est la source des biens, le commerce qui la vivifie doit être, comme elle, soigneusement protégé, (1) ainsi que ceux qui s'y livrent.

---

(1) Je répare en parlant de l'industrie du commerce, une omission que j'ai faite; savoir: que les Anglais font prendre par des navires très-fins voliers, des mulets à Tetuan, dans le royaume de Maroc, pour être portés dans leurs isles d'Amérique. On a essayé d'en envoyer directement de nos ports, mais ce trajet est trop long, et ce n'est que dans de très-briéves traversés qu'on peut espérer de conserver ces animaux. On en a quelquefois extrait de l'isle Porto-Ricco, mais ces mulets sont très-petits, et depuis long-tems cette ressource est à-peu-près nulle.

Quelqu'ingénieux qu'on les suppose, ils s'éloignent des lieux où ils éprouvent trop d'entraves. La liberté a pour eux plus de charmes encore, que pour les autres professions. On calomnie les commerçans en les nommant cosmopolites ; on devrait blamer plutôt, ceux qui les dédaignent ou les tourmentent, quand ils cherchent des lieux plus attrayans. Plusieurs souverains de l'Europe, s'efforçent de les favoriser, d'ennoblir leur industrie. En lisant l'ouvrage si instructif, récemment publié sur le commerce et la navigation de la Mer noire, par un négociant de Marseille, (trop modeste en gardant l'anonyme,) qui conduit, comme

---

Ce que l'on doit se procurer très-promptement aussi, ce sont des ânes propres à former une belle race de mulets. On nomme ces ânes, à Saint Domingue, *Bourriquets équiors*. Ils se vendaient dix fois plus que les ânes ordinaires. M. de Buffon dit que l'âne serait, à nos yeux, le plus beau des animaux, si nous n'avions pas le cheval. On pardonnera, en faveur de cette remarque, notre observation sur cet animal si utile et si méprisé, malgré toutes ses qualités heureuses que M. de Buffon rappelle,

par la main, et sur ses propres traces; tous ceux qui, désormais, pourront partager cette vaste industrie, on est frappé à la fois, et des lumières que peut répandre un négociant habile et observateur, et de l'étendue des projets qu'a transmis à ses descendans, la grande Souveraine du Nord. Le commerce de France sera bientôt plus en honneur encore sous les lois d'un monarque qui montre combien il est difficile de le surpasser dans la grandeur des vues et l'habileté des moyens propres à inspirer aux hommes cette noble émulation, sans laquelle la nature aurait ouvert vainement tous ses trésors sur les parties du globe qu'elle leur a permis de parcourir. De petites passions semblent s'accorder quelquefois, pour dégoûter les jeunes français d'une carrière qui, suivant les détracteurs des commerçans, n'est pas assez honorable. Elles contribuent peut-être à diminuer, à leurs propres yeux, l'estime que devraient avoir les négocians de leur profession. Si cette estime était plus profonde, on verrait, sans doute, moins souvent ces transactions scandaleuses qui, en effet, n'ont rien de noble. Quel mépris ne doivent-elles pas inspirer à ces négocians distingués, dont le nom répand un plus grand éclat sur les villes commerçantes; dont l'appui, la confiance et l'affection charment également et les hommes industrieux qui y ont recours et ceux qui en réclament, sur la foi d'un caractère loyal ou d'une fortune qui n'est qu'embarrassée, des secours propres à la relever, ou à ouvrir le chemin qui conduit à ses faveurs. (1)

---

(1) M. M. Lemesle et Haudaudine de Nantes ont pourvu depuis 1797 jusqu'en 1803 aux besoins de la famille de celui de mes beaux-frères que j'ai nommé, quoique certains de n'être remboursés que dans des tems heureux.

M. Monneron Dupin de la même ville fit distribuer aux Cayes en 1791, une cargaison aux habitans les plus maltraités.

MM. J. et G. Audibert de Marseille firent alors de nouvelles et fortes avances à leur ami M. Belin du Cap.

Je voudrais pouvoir citer mille nobles procédés dont chaque port offre des exemples; ils trouveront leur place ailleurs.

CHAPITRE XIX.

De l'importance de la Navigation relativement au Commerce, à la marine Militaire et à l'instruction publique.

NOUS avons cherché à donner une idée de la législation, de l'administration, de l'agriculture et du commerce des Colonies, et à inspirer plus de confiance qu'on ne parait en avoir généralement dans le rétablissement de Saint Domingue. C'est le but principal de cet écrit qui en fera peut-être naître d'autres. Nous désirons qu'on ne puisse pas leur reprocher l'esprit si dangereux des systêmes et que leurs auteurs ne puisent pas leurs idées dans des récits souvent inexacts. Le reproche qu'on a adressé, à ce sujet, à M. l'abbé Raynal était fondé à plus d'un titre; mais ses erreurs sur des faits sont peut-être le tort des voyageurs plutôt que les siens. En général, on connaît mal les pays qu'on n'a vus que pendant peu de tems; on y adopte les idées de ceux qui savent inspirer de la confiance, plutôt que celles qui naissent de la propre conviction et de l'expérience. J'ai remarqué aussi à Saint Domingue que beaucoup de magistrats, de jurisconsultes, de négocians et d'agriculteurs connaissaient peu l'ensemble du pays dans lequel ils vivaient, parcequ'ils se concentraient entièrement dans leur profession. Je n'ai pas la pensée de vouloir attribuer à celle qui m'a occupé presque toute ma vie, une plus grande étendue de lumières, quoiqu'elle en soit en effet susceptible; je le crois si peu que j'ai souvent vu des négocians entièrement étrangers à tout ce qui concerne les lois, l'administration et l'agriculture, et embarrassés sur les plus simples connaissances même de leur état: on voit aussi des juges de commerce rechercher l'avis d'un homme de loi, présent à leurs délibérations, quoiqu'il dût souvent paraître récusable pour l'une des parties ; ponvant avoir des affaires semblables à défendre ou des préventions à faire adopter, poison aussi subtil que celui de la louange et contre lequel l'immortel Daguessau cherchait si soigneusement à prémunir les magistrats : mais je pense très-sérieusement qu'un négociant éclairé qui a traité des intérêts considérables et de divers genres, peut aussi bien que qui que ce soit étendre ses vues et ses connaissances ; et que c'est dans cette persuasion qu'on en a quelquefois admis en Europe dans les conseils, dans les ambassades et dans de grandes administrations. Je pense de même à l'égard des magistrats, des jurisconsultes et des officiers distingués. La sagacité supplée à beaucoup de choses ; elle dévance souvent la maturité de l'âge. Je me permets cette observation parceque je vois juger quelquefois fort légèrement des lumières des négocians dans tout ce qui n'est pas commerce, comme de celles d'un militaire, d'un homme de loi et d'autres personnes dans ce qui n'est pas de leur profession. On a vu quelle importance on attachait récemment à l'opinion de M. Francis sur les affaires de l'Inde, dans le Parlement d'Angleterre. Peu de négocians, sans doute, ont des lumières aussi étendues que M. Francis, mais la France n'est pas dépourvue d'hommes d'un grand mérite dans la carrière du commerce.

Il y a beaucoup à apprendre, en ce moment, des personnes qui ont vécu longtems ou fait plusieurs voyages dans l'Inde orientale ; ce commerce n'est pas assez généralement connu parmi nous, et c'est dans ces connaissances qu'on puiserait les notions qui nous sont nécessaires pour y fonder de nouvelles relations. Je pense que les négocians qui ont fait ce commerce en y envoyant des vaisseaux, en savent plus que ceux qui y sont étrangers ; mais j'aurais plus de confiance dans les personnes qui y ont vécu, et traité de grands intérêts soit dans leurs propres affaires, soit dans l'administration soit dans la navigation de cette immense contrée. Un ancien capitaine de Marseille, M. Blancard, a pris la peine de faire un *Manuel du Commerce de l'Inde,* qui lui méritera beaucoup de reconnaissance. Cet ouvrage peut conduire, pas à pas, tous les navigateurs qui aborderont cette partie du monde ; et de quel prix n'est pas un travail entrepris par l'amour de son pays et de ses contemporains ? Il guidera désormais ceux qui se livreront à ces grandes opérations maritimes dont le succès se fonde le plus souvent sur l'expérience, devenue si rare parmi nous, après quinze ans d'interruption presque totale de ce riche commerce. L'estimable marin que nous venons de citer l'a fait presque toute sa vie, dans un grand nombre de voyages La plupart des officiers de son tems sont aujourd'hui dans la marine militaire, et plusieurs s'y distinguent. C'est à cette école qu'a puisé ses premières notions le général honoré et si digne de la confiance

fiance de sa Majesté, et qui commande en ce moment son armée navale de Brest. (1) C'est aussi dans le commerce et la navigation des deux Indes que s'acquièrent des connaissances que ne peut donner l'étude des comptoirs d'Europe, et que les négocians devraient former leurs enfans, quand ils les destinent à diriger des établissemens importans. Par là ils éviteraient les dangers des premiers tems de l'adolescence dans nos villes corrompues, où elle perd sa santé et souvent ses mœurs, où elle s'accoutume à la mollesse comme à la légéreté qu'on reproche à notre nation.

Les villes qui forment en France le plus grand nombre de négocians sont, je le pense, celles de Rouen et du Hâvre, d'après l'observation que j'en ai faite à Saint Domingue et en France. Au Hâvre plus

(1) Si une amitié mutuelle qui date de l'enfance, ne paraissait pas suspecte, la noblesse et la bonté du cœur de cet officier m'inspireraient d'autres éloges.

qu'ailleurs, le fils de l'armateur montait sur les vaisseaux de son père, et allait gérer des cargaisons, dont la valeur surpassait quelquefois un million. Croit-on que ce jeune gérant n'était pas bientôt très-propre à conduire une forte maison de commerce ? Certes, on peut faire dans toutes nos villes des citations heureuses, mais quelle province offre plus d'habiles gens que celle de la Normandie? La nature a doué ses habitans d'une grande force de tempérament, d'un caractère studieux et observateur. Ils sont aussi propres à la profession des armes, qu'à l'esprit du commerce, des loix et de l'agriculture. J'ai remarqué, en général, à Saint Domingue une supériorité décidée aux enfans de cette riche contrée. Les femmes même y sont élevées à la direction des établissemens de commerce. La France s'étant aggrandie, ayant reçu dans son sein des peuples très-industrieux au nord et au midi, les jeunes gens de notre ancien territoire auront beaucoup à faire pour ressembler à un grand nombre de ces nouveaux compatriotes : c'est surtout des bords de l'Italie qu'ils recevront des leçons dans la science du commerce et des changes, et l'exemple de cette modestie jointe à l'ambition, qui fait étudier les langues étrangères, si peu familières à notre ancienne éducation. Dans les villes d'Italie et d'Espagne les voyageurs quels qu'ils soyent, trouvent à la table de leurs correspondans des commis qui parlent très-bien les langues les plus nécessaires aux négocians, avantage qui les charme et leur rend ces amis plus chers. Ces jeunes commis sont un reproche tacite aux pères qui ont assez de moyens pour faire apprendre diverses langues à leurs enfans, et les former, par les voyages, à lire dans le grand livre du monde. Quand on a vu des pays, tels que Venise et Gênes surtout, amasser de si grandes richesses par la seule ressource d'un commerce, faiblement protégé, on ne peut s'empêcher de reconnaître aux habitans de ces deux villes une grande fécondité de talens. A la vérité, le préjugé ridicule autant qu'absurde qui éloignait en France les nobles de cette profession n'y existait pas. Dira-t-on que ce préjugé excitait davantage à celle des armes! La bravoure qu'ont montrée les Vénitiens, les Gênois et les Hollandais répond à cette observation. Peut-on, sans beaucoup de courage, courir avec tant d'audace toutes les mers, braver toutes les fatigues et tous les périls? C'est dans d'autres causes qu'il faut trouver la faiblesse dans laquelle sont tombés ces états.

Mais je m'écarte peut-être de mon sujet; cependant j'espère qu'on ne trouvera pas ces réflexions déplacées. Rien, ce me semble, ne doit être étranger à de grands intérêts, quoiqu'ils ne soient offerts à l'attention publique, que comme points de mire, et qu'ils puissent exiger, chacun dans leur objet, des dissertations plus étendues.

CHAPITRE XX.

Conclusion. Réflexions sur le caractère hospitalier des colons.

C'EST à regret que je quitte la plume sur un sujet aussi vaste et aussi intéressant que celui des Colonies, après l'avoir médité depuis mes plus jeunes ans; mais je me suis imposé le devoir de me renfermer dans des observations générales, et je lui serai fidèle jusqu'au tems où je croirai pouvoir les développer avec plus d'utilité. Je pense néanmoins que j'en ai dit assez pour ceux qui ne sont pas étrangers à ces intérêts, par l'expérience ou par l'étude qu'ils en ont faite dans les ouvrages qui en ont traité. On ne saurait trop rapeller de quel prix doivent être les lumières de quelques anciens administrateurs et députés des Colonies, que la providence a conservés, qui par leur place jugeaient, à la fois, l'importance et le mérite de chaque branche d'administration et de prospérité; et de tous ceux enfin dont l'expérience, les talens, le caractère modéré et l'amour du bien public garantissent les opinions On ne saurait trop répeter que la possession de Saint Domingue offrira promptement aux français, en concours avec nos autres Colonies, les ressources les plus abondantes pour l'état comme pour l'ambition des hommes courageux qui voudront y chercher des routes de fortune plus briéves et plus faciles. Pourrait-on hésiter de le dire : aucune conquête au dehors, aucune concession ne saurait être l'équivalent de cette Colonie, qui formerait seule un état que le fils d'un prince puissant regarderait comme un riche héritage. Elle appartient à la France, elle lui appartiendra toujours; sans elle, nos possessions dans le nouveau monde seraient insuffisantes à notre systême commercial et maritime.

Jeunes français! voilà l'un des domaines

précieux de votre industrie, le patrimoine de ceux qui n'en attendent point de leurs parens. Là vous trouverez, comme dans nos autres isles, des compatriotes hospitaliers, (1) empressés de concourir à votre avancement, si vous leur montrez un caractère loyal, affectueux et confiant. Vous serez touchés de l'accueil que vous en recevrez. Les anciens colons sauront y faire revivre, à leur retour, ces sentimens généreux qui ajoutent de nouveaux charmes à ce beau climat, en adoucissant les peines de l'absence du pays qui nous a vu naître.

Sans doute vous affligerez vos parens en vous éloignant de leurs bras : leur ten-

---

(1) Il y a près de 120 lieues du Cap aux Cayes, qu'on parcourait, par des chemins assez unis, dans des cabriolets attelés de trois chevaux de front, avec autant de rapidité que d'agrément, quand on partait, recommandé par un négociant ou un propriétaire connu. Un homme bien élevé était toujours bien accueilli par les habitans qui le fesaient conduire d'une habitation à une autre, après lui avoir offert, de très-bonne grâce, un repas et un lit.

dresse s'allarmera des dangers que vous irez braver ; mais vous les consolerez par vos promesses de suivre les leçons de sagesse que vous en aurez reçues, par une correspondance qui est facile, et par l'espérance du retour.

Si vous êtes tempérans, si vous veillez sur votre santé, en usant des précautions que le climat et l'expérience indiquent, vous éviterez, autant qu'on le peut, les maladies qui tourmentent partout l'humanité. Quelque récit que l'on vous fasse, de quelqu'exemple dont on puisse effrayer votre imagination, croyez à l'expérience d'un homme désintéressé dans ses avis. Celui qui vous les adresse a vécu pendant quinze ans dans le pays dont il vous entretient plus particulièrement. Il n'avait que cet âge, lorsqu'il y aborda ; et quoique d'un caractère qui l'éloignait du repos et de la mollesse, il n'y éprouva jamais trois jours consécutifs de fièvre. Il peut vous attester que la plupart de ceux qu'il a vu périr auraient, avec plus de

courage,

courage, de prévoyance et de modération, évité leurs maladies mortelles.

Si je parlais aux pères de famille qui destinent leurs enfans pour nos isles, je leur dirais : « envoyez-les dans l'âge de l'adolescence, dans cet âge qui intéresse, où l'on se plie aisément à des usages, à des travaux différens : à cet âge qui permet de retrouver des parens chéris, qu'on quitte dans l'espérance de les revoir ; j'ajouterais : j'ai vu, sous mes yeux, s'élever de nombreuses fortunes ; j'ai eu moi-même, bien jeune encore, quelque part à ses faveurs, sans autre secours que celui du travail et de la confiance qu'une bonne conduite obtient dans les Colonies plus facilement qu'ailleurs ! »

Pays infortuné de Saint Domingue ! je t'ai quitté avant tes malheurs, mais mon cœur ne t'a jamais abandonné. Je t'ai suivi de mes vœux, chaque jour de ma vie : puissé-je t'entrevoir encore florissant et paisible pour le plus grand éclat de ma patrie, pour la consolation de ceux dont tu fais l'unique espérance. Hélas ! depuis trop longtems, les yeux fixés sur leurs propriétés, ils s'écrient, comme Joad, mais dans un sens moins allégorique :

Comment en un plomb vil l'or pur s'est-il changé !

FIN.

ERRATA.

Page 11, 5e. *ligne* : Les effets
Lisez, les trésors

Page 40. 2e. *ligne*, qui montra les abus et les ressources
Lisez, qui combattit d'anciens abus; et montra les ressources

Page 54, *lignes* 5 et 6, ne pouvait
Lisez, ne devait pas

Page 60, *ligne* 11, importer
Lisez, exporter

Page 64, *ligne* 13,
Supprimez le mot anciens

Page 69, *ligne* 2, celle
Lisez celles

Page 83, *Ligne* 20, tout
Lisez tous

Page 90, *avant dernière ligne*,
au lieu de brief
Lisez court.